中国人工智能学会系列研究报告

科技大数据技术与应用

中国人工智能学会　组编
杜军平　王晓阳　编著

中国科学技术出版社
·北　京·

图书在版编目（CIP）数据

科技大数据技术与应用 / 中国人工智能学会组编；杜军平，王晓阳编著 . -- 北京：中国科学技术出版社，2024.8

（中国人工智能学会系列研究报告）

ISBN 978-7-5046-9906-0

Ⅰ. ①科… Ⅱ. ①中… ②杜… ③王… Ⅲ. ①科学技术 – 数据处理 – 研究 Ⅳ. ① G203

中国国家版本馆 CIP 数据核字（2023）第 030579 号

责任编辑	韩 颖
装帧设计	中文天地
责任校对	焦 宁
责任印制	徐 飞

出 版	中国科学技术出版社
发 行	中国科学技术出版社有限公司
地 址	北京市海淀区中关村南大街16号
邮 编	100081
发行电话	010-62173865
传 真	010-62173081
网 址	http: //www.cspbooks.com.cn

开 本	787mm × 1092mm 1/16
字 数	154千字
印 张	9
版 次	2024年8月第1版
印 次	2024年8月第1次印刷
印 刷	涿州市京南印刷厂
书 号	ISBN 978-7-5046-9906-0 / G · 998
定 价	59.00元

《中国人工智能学会系列研究报告》编委会

《科技大数据技术与应用》编写组

杜军平　寇菲菲　李文玲　梁美玉　马　卓　仇　晶
邵蓥侠　童咏欣　王晓阳　王莹洁　王元卓　薛　哲
袁　野　赵中英

本书得到国家重点研发计划项目“科技大数据理论与技术研究”（项目编号：2018YFB1402600）的支持。

目录

CONTENTS

第1章

科技大数据概念

科技大数据是一种特殊类型的大数据，是指与科技信息相关的非数值型数据，也称为事实型科技大数据[1]。具体地说，科技大数据是指长期积累形成的与科技创新全过程相关的各类非数值型科技信息，它涵盖了客观描述科技创新决策和具体科技创新活动全过程的各类科技信息。科技大数据主要包括两类数据，一类是客观的科研产出和技术产出数据，如科技期刊文献数据、专利数据、学位论文数据和科技报告、技术标准数据等，这类数据较为集中，数据格式较为规范，呈结构化或半结构化特点；另一类是各级组织、科研机构、企业发布的科技政策、新闻等网页信息，科研个体的个人学术网站、微博，以及科研论坛等产生的动态、实时和交互式网络事实型数据，这类数据较为离散，数据格式规范性差，主要呈现非结构化的特点。

目前，无论是从事情报分析的专家学者，还是从事科学技术研究的科技人员，面对日益增长和积累的庞大数据集都会期待运用某种手段或方法以发现有价值的情报信息[2，3]。科技大数据呈现结构化、半结构化或非结构化的数据结构和状态，处理起来较为烦琐且需要较长时间，传统的数据管理和处理方法难以解决这一问题[4]。因此，无论是从科学研究还是应用的角度看，针对服务于科技大数据的方法及工具研究已经成为科技信息发展的自然延伸[5]。

1.1 科技大数据定义

科技大数据不同于传统论文数据，也不同于一般意义上的网络及行业大数据，数据内容包括科技成果数据、科技活动数据以及互联网自媒体科技资讯数据[6]。其中，科技成果数据包括各学科内记录形成的数据、资料、文献、报告、网络科技报道等承载知识的数据；科技活动数据包括科技实体数据与知识关系数据，其中科技实体数据包括科技项目、学术会议、科技团队、科技组织、科技人才、科技机构、科技奖项、科技主题、科技概念、研究设备、研究模型、研究方法等，知识关系数据包括语义关系及计量关系等；互联网自媒体科技资讯数据，特别是微信数据，具有每天发布科技信息及时、互动性较好等特点。

在我国全面实施国家大数据战略、构建数字经济、建设数字中国的大背景下，科技大数据是核心知识数据，记载着科学真理验证过程、实验观测、研究结论、网络交流等科技情报知识线索，利用自然语言处理和专家系统的工作基础，通过将其进行语义化和数据化，可使之成为“人－机－物”三元计算的数据基础。而人工智能发展的核心之一是高质量、海量的、可计算的数据，可有效帮助机器更好地理解物联网和认知人类知识，特别是具有结构化、语义化与关联化的科技大数据有利于人工智能算法模型的训练与生成[7]。

科技情报成为国防科技战略重点，是避免技术突袭的有效路径。科技成果作为科学研究与技术开发所产生的具有实用价值的成果，其转化在国家创新体系建设中具有重要战略意义。科技大数据包括专利技术、前沿项目以及科技论文等科学技术研究成果，目前已经成为科技创新、产业技术分析、企业转型升级、前沿技术预测的必需与重点。在科技成果转移转化的渠道流程中，科技大数据是承接上游科研机构与下游企业的关键环节。在科技情报的生成中，利用科技大数据可计算推测出领域科学技术发展的重点机构、重点任务与发展趋势。

1.2 科技大数据要素

对于科技大数据包含的具体数据要素的分类，不同学者提出的分类有所不同，比较有代表性的有“三要素论”“四要素论”“五要素论”[8]。如表 1-1 所示，对科技大数据的现有分类是从其内容出发而进行划分的，体现为不同的科技大数据内容构成。虽然这些分类方法都具有一定的合理性，但大多较笼统，对科技大数据要素的具体划分不够细致、分类层次不够深入。借鉴以上相关分类理论，本节尝试从更宽泛的角度对科技大数据要素进行分类，把科技大数据资源要素的组成要素划分为 7 个方面：科技人力数据、科技财力数据、科技物力数据、科技信息数据、科技技术数据、科技制度数据、科技组织数据。

表 1-1 科技大数据分类表

典型分类理论	科技大数据资源要素的主要内容
三要素论	科技人力数据、科技物力数据、科技财力数据
四要素论	科技人力数据、科技财力数据、科技装备数据、科技信息数据
五要素论	科技人力数据、科技财力数据、科技装备数据、科技信息数据、科技政策与管理数据

科技人力数据是指从事科技活动的人员，具体包括直接从事科技活动或为科技活动直接提供服务的人员。科技人力数据是科技大数据要素中最具有创造性的要素，能够直接支配其他要素，对科技创新活动具有主导作用。

科技财力数据是指科技活动的经费投入，为科技活动提供资金支持，其来源主要为政府财政拨款、单位自筹资金、银行科技贷款等。

科技物力数据是指开展科技活动所需的各类大型科研仪器和设备[9]，具体包括各科研机构、大学、企业的技术研发机构、实验基地、国家重点实验室、科技服务机构、技术研究中心等基础设施和物质性条件。

科技信息数据是指以信息形态表现的各种科技创新与科技研究的产出和成果，包括科技文献、科技专利、数据库、科学数据等。

科技技术数据是指开展科技活动、加快科技成果转化可采用的技术手段，包括文献检索技术、仪器相关技术、科技评估检测技术、管理决策技术、研发创新技术等。

科技制度数据是指政府对科技活动的一些指导性纲领和文件，包括各类科技单位的各种规章制度、国家颁布的科技活动类相关政策法规等。

科技组织数据是指可以提供科技服务活动的单位或组织，如上级主管部门、高等院校、科研机构、科研加盟单位、科技服务地方子平台等。

1.3 科技大数据的分类体系构建

1.3.1 科技大数据的分类体系框架

科技大数据的分类体系是对各种类型的科技大数据进行整体梳理、归类、细类划分形成的数据分类体系，建立科技活动与科技大数据之间的关联，能对科技大数据进行充分整合，为提高科技大数据的利用效率和共享效果提供可借鉴的数据分类框架[10, 11]。科技大数据可以被看作一个系统的有机整体，其各组成要素之间不是孤立的，而是相互关联、相互作用的，它们作为科技大数据系统的重要组成部分具有各自的功能，都是必不可少的科技大数据要素。因此，科技大数据的分类体系构建是科技大数据要素构成的一个整体系统。

在构建科技大数据分类体系时，应遵循以下原则：第一，分类对象是科技大数据整体，因此在分类时要站在系统整体的角度来归纳整理科技大数据分类对象，即遵循整体性原则[12]；第二，科技大数据信息涉及面广、数据种类多且繁杂，因此在进行科技大数据分类时，应从多角度尽量综合整理各类科技大数据并对其进行科学分类，即遵循综合性原则[13]；第三，科技大数据的各组成要素在科技大数据系统中具有不同的功能和地位，对科技大数据的分类应充分考虑科技大数据的层次性，深入分析各科技大数据要素在科技活动中的相互关系和不同作用，即遵循层次性原则。

结合对科技大数据各组成要素的整理结果，在构建科技大数据分类体系时，我们充分考虑了不同主体对科技大数据的具体类型需求，并充分调研了相关科技大数据共享平台[14, 15]，结合科技大数据及其要素的内涵，科技大数据的分类体系框架如表 1–2 所示。

表 1–2　科技大数据分类体系框架

分类维度	科技大数据要素	具体要素构成
科技条件要素	科技人力数据	科技活动人员、专业技术人员、研究与开发人员、科技服务人员等
	科技物力数据	大型仪器设备、实验基地、研究机构、大学、企业的技术研发机构、科技服务机构、国家重点实验室等的科研基础设施和科技条件平台等
	科技财力数据	科技活动经费、科技研发经费、创新基金、单位自筹经费、银行科技贷款等
	科技信息数据	科技文献、专利、数据库、科普知识、科学数据、科技成果转化、自然科技数据、科技培训、国内外科技动态、服务帮助指南信息、服务机构信息等
	科技技术数据	仪器相关技术、文献检索技术、科技评估监测技术、科技融资技术、管理决策技术、研发创新技术、发明专利技术、科技培训技术等

续表

分类维度	科技大数据要素	具体要素构成
科技保障要素	科技组织数据	上级主管部门、高等院校、科研机构、加盟单位、地方科技数据共享子平台等
	科技制度数据	国家各种科技规章制度、国家相关政策法规、科研人员流动和激励机制、科技金融制度、科技物质数据使用及引进制度、科技数据管理与使用制度、科技技术数据共享制度等

由表 1–2 可见，科技大数据整体系统的组成要素分为科技条件要素和科技保障要素两大维度。其中，科技条件要素为科技活动和社会经济发展提供必要的科技基础条件，科技保障要素为科技条件各要素的作用发挥提供必要的组织和制度支持。在科技大数据的分类体系中，科技人力数据是最具创新性的数据，它可以支配、协调其他的科技大数据。科技物力数据、科技财力数据、科技信息数据和科技技术数据是科技活动顺利进行的物质条件，为科技人力数据的功能发挥提供必要的基础条件。科技组织数据和科技制度数据能够保障科技活动顺利进行，为科技条件要素数据的整合与共享提供必要的制度保障。

1.3.2 科技大数据的分类体系结构

科技大数据是一个系统的整体，是由多种科技大数据要素相互作用组成的集合，因此，组成科技大数据的各要素是具有相互作用的，这体现为科技大数据分类体系中各组成要素的结构关系，如图 1–1 所示。

在科技条件要素中，首先，科技人力数据是最具能动性作用的要素，科技人力数据的质量高低、数量多少在很大程度上影响科技活动的水平。科技人力数据功能的发挥需要科技物力、科技财力、科技信息、科技技术数据的大力支持，科技物力数据为科技人员开展科技活动提供必要的物质基础，科技财力数据为科技活动提供必要的资金支持，科技信息和科技技术数据为科技人员开展科技研发活动提供必不可少的信息和技术支持。因此，科技人力数据与科技物力、科技财力、科技信息、科技技术数据要素是相互支持、相互促进的。其次，科技物力、科技财力、科技信息、科技技术数据这几种要素也是具有内在联系的，科技财力数据的实力会在很大程度上决定科技物力、科技信息、科技技术数据的水平，为它们提供资金条件；科技物力数据可为科技信息和科技技术数据提供必要的物质基础条件与平台；科技信息数据又会对科技技术数据的质量

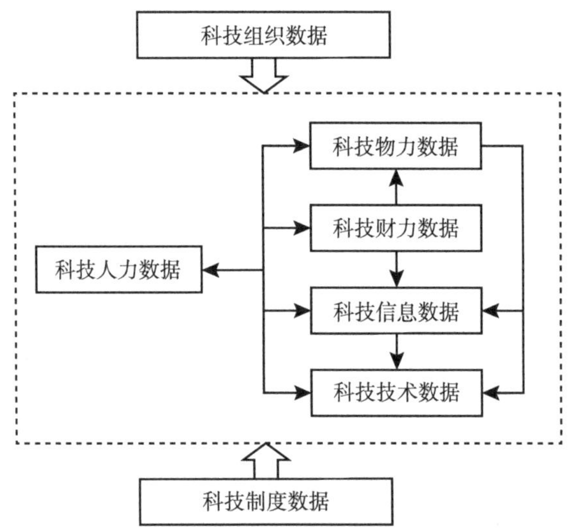

图 1–1　科技大数据分类体系结构图

和水平产生直接影响。

在科技保障要素中，一方面科技组织数据可为科技制度的制定和颁布提供主要的决策主体；另一方面可为科技活动的顺利开展提供多样化的科技研发和提供单位，这为科技活动的进行、科技条件各要素作用的发挥提供了必要的组织保障。反过来，科技制度数据可为多样化的科技组织开展科技活动、高效利用科技大数据提供必要的制度支持，并可以针对性地出台相关政策措施，保障科技条件数据各要素的功能发挥，如有关政府部门建立有效的科技人员激励机制、建立完善的科技大数据整合与共享机制、完善科技金融市场环境等。

参考文献

[1] 胡吉颖，谢靖，钱力，等. 基于知识图谱的科技大数据知识发现平台建设［J］. 数据分析与知识发现，2019，3（1）：55–62.

[2] 刘耀，朱礼军，黄毅. “面向众创的科技情报共享服务平台”建设研究［J］. 中国科技资源导刊，2017，49（4）：37–44.

[3] 张闪闪，刘晓娟，高雪茹，等. 科技资源服务价值度量框架研究［J］. 中国科技资源导刊，2020，52（5）：35–44，101.

[4] 周京艳，张惠娜，黄裕荣，等. 新时代大情报观下情报工作的突破［J］. 情报理论与实践，2019，42（8）：6–8.

［5］黎建辉，沈志宏，孟小峰. 科学大数据管理：概念、技术与系统［J］. 计算机研究与发展，2017，54（2）：235-247.

［6］曾文，车尧. 科技大数据的情报分析技术研究［J］. 情报科学，2019，37（3）：93-96.

［7］袁林，葛唯益，陈晓琳. 科技情报智能检索与语义分析［J］. 指挥信息系统与技术，2019，10（5）：34-39.

［8］董明涛，孙研，王斌. 科技资源及其分类体系研究［J］. 合作经济与科技，2014（19）：28-30.

［9］孙涛，张胜，王文斌，等. 大型科学仪器设备共享前景分析及思考［J］. 中国科技资源导刊，2020，52（2）：22-28.

［10］王志强，杨青海. 科技资源元数据标准化研究［J］. 标准科学，2021（5）：29-33.

［11］周京艳，吴晨生，付宏，等. 我国科技情报界对情报及其核心概念的认知偏差［J］. 情报杂志，2019，38（11）：15-18，33.

［12］化柏林，阮元元，王宏光，等. 数据环境下的科技情报资源保障体系研究［J］. 科技情报研究，2021，3（2）：1-15.

［13］许东惠，赫运涛，王志强，等. 面向科技资源管理的科技平台标准体系研究［J］. 中国科技资源导刊，2020，52（2）：1-6，16.

［14］邵玉昆，谭偲媚，郑鹏，等. 科技信息资源共建共享机制研究综述［J］. 科技创新发展战略研究，2018，2（5）：15-20.

［15］张绍丽，郑晓齐，张辉，等. 科技资源共享网络模式创新与实践——以中国科技资源共享网为例［J］. 科技管理研究，2018，38（13）：43-52.

第2章

科技大数据的研究领域

科技大数据不同于传统的期刊论文数据，也不同于一般意义上的网络及行业大数据，其数据内容包括各学科内的记录数据、资料、文献、报告、网络科技报道等科技成果数据，科技项目、学术会议、科技人才、科技机构、科技奖项、科技主题、科技概念、研究设备、研究模型、研究方法等科技实体及其语义关系的科技活动数据以及科技领域特色数据。

科技大数据呈现爆炸式增长的态势，具有大规模、异质多元、组织结构松散的特点，对科研人员有效获取信息和知识提出了挑战。科技大数据的主要研究领域包括以下几个方面。

2.1 基于科技大数据中心的体系建设

随着“大智移云”等新兴技术的快速发展，每天产生海量的科技大数据，而用户的需求更趋于个性化、定制化以及扁平化，导致现阶段文献情报工作的知识服务内容、模式以及机制等面临巨大挑战与问题。为了打造具有“开放学术、开放交流”+“智能检索、关联导航”+“智能推荐、精准服务”+“思想碰撞、群体智慧”的智慧型开放学术生态特征的智慧知识服务产品，打破传统知识供应、知识服务与知识交流模式，重建新型知识服务与学术交流环境以及规则制度，打通科技成果转移转化过程中学术与产业两个生态渠道，亟须做好基于科技大数据中心的建设。

科技大数据中心总体技术架构由下至上分为六层，在科技大数据数据流的驱动与技术平台的支撑下，稳定、高效、协同释放科技大数据价值。

（1）大数据基础平台，即利用工业级验证的、开放成熟的大数据技术工具，搭建支撑科技大数据采集、分布式存储、分布式计算以及高性能服务的基础支撑平台，保障数据安全与数据计算以及服务效率。

（2）科技大数据知识资源体系，即建立起覆盖多学科领域与“文献＋资讯＋专业数据集＋科研实体”相关的权威、全面、可获取的数据源，保障数据的可持续更新与建设。

（3）科技大数据治理，即通过知识抽取、数据规范、关系计算以及语义标注等技术方法，构建科技学术知识图谱，实现数据增值。

（4）面向数据产品的大数据计算，即由问题与应用场景驱动的大数据计算，研发“小数据”产品，从而更专业化、细粒度化地挖掘与展示科技大数据价值。

（5）科技大数据微服务，即建立起科技大数据能够安全、有序、合理地被计算使用的服务引擎，灵活配置数据服务规则，从而促进科技大数据知识资源生态体系的健康发展。

（6）智能知识服务平台，即面向终端用户的科技大数据工具平台软件，实现与科技大数据知识资源体系无缝嵌入，送达用户终端的不仅是科技大数据工具，更是支撑科技决策与分析的科技大数据知识资源。

2.2 科技大数据知识图谱的构建及应用

2.2.1 科技大数据知识图谱的构建

科技大数据知识图谱与其他领域知识图谱相比，在数据源上的可获得性、更新频率、数据质量等各不相同，导致在科技大数据知识图谱构建过程中涉及的知识抽取、实体对齐、知识推断等也需要不同的方法。同时，由于科技领域本身的特点，其在应用需求上面临学科分析、影响评价等特定领域需求，也需要进行不断的研究。

在科技领域知识图谱构建过程中，预先定义的实体与关系模型图能够极大地提高科技领域知识图谱的构建质量及应用效率。常见的科技实体及其之间的关系包括科研人员、出版物（会议、期刊）、科技成果（期刊论文、学位论文、会议论文、专利、图书等）、科技项目、机构、主题词、学科等实体，以及科研人员之间的合作关系、科技成果之间的引用及被引关系、项目与科技成果之间的资助关系等。在实际设计时还需对科技实体进行属性的扩充（如科研人员的姓名、年龄、性别、职称等属性信息），以构建科技知识图谱实体及其之间关系的模型图。在科技知识图谱的实体及关系模型构建中，各科技实体之间的关系是完成相应的科技数据分析与挖掘任务的重要组成部分，如一些重要论文的发表对作者影响力、期刊影响因子、新兴前沿学科发展的影响等是不断动态变化的，此类科技实体之间的成果引用关系、作者合作关系、主题词同时出现在同一论文中的共现关系或影响等是科技知识图谱分析的重要基础。科技知识图谱利用三元组或属性图的方式进行知识的存储和表示，通过形成的网状结构数据完成科技实体推荐、评价以及学科发展趋势、学科交叉趋势等研究，其价值不仅体现在助力科研人员寻求研究方向、合作伙伴等，也体现在通过发现科学研究的相关规律，辅助科研资助机构从宏观上评估、制定相应的政策去引导科学技术的发展。

2.2.2 科技大数据知识图谱的应用

科技知识图谱构建及应用体系架构主要包括科技领域数据源、科技大数据知识图谱构建、基于科技知识图谱的分析与挖掘、基于科技知识图谱的洞察与发现、基于科技知识图谱的应用系统及工具、支撑科技知识图谱的大数据技术以及支撑科技知识图谱的标识技术。在大数据技术及标识技术的支持下，基于海量、多源、异构的科技领域数据源，可实现科技大数据知识图谱的构建，实现基于科技知识图谱的分析与挖掘；在科技大数据知识图谱及各类分析、挖掘方法的基础上，可进一步实现对科技领域的洞察与分析，并提供基于科技大数据领域知识图谱的应用。

（1）科技领域数据源：与科技领域相关的各类数据资源，包括科技论文、专利、科技项目等各类结构化、半结构化及非结构化的数据源，为科技大数据知识图谱构建提供数据支持。

（2）科技大数据知识图谱构建：利用各类科技领域数据源，根据面向科技领域数据的特点，研究科技实体抽取、科技实体消歧、科技关系抽取和科技关系推断等科学问题，同时解决不同科技大数据知识图谱的融合和跨语言实体的对齐问题。

（3）基于科技知识图谱的分析与挖掘：利用构建的科技大数据知识图谱研究科技实体推荐、科技社区发现、科技实体评价、学科交叉、学科演化等科学问题，提供包括跨领域科技实体与关系问答等应用功能，同时为科学学的洞察与发现提供数据及分析方法的支持。

（4）基于科技知识图谱的洞察与发现：面向科学学的主要问题，利用科技领域数据源及科技大数据知识图谱及关键技术，并结合社会学、心理学、经济学等不同学科，研究科研网络洞察、学术生涯评价、科学问题发现等主要问题。

（5）基于科技知识图谱的应用系统及工具：面向科技领域应用，服务社会公众、科研人员、科研机构、资助机构、政府部门、企业等不同角色，研究系统及相应服务工具。

（6）支撑科技知识图谱的大数据技术：科技大数据领域知识图谱的存储、计算等需要结合各类大数据技术，包括关系存储、文件存储、图存储等大数据存储技术，以及数据抽取、数据索引、分布计算等大数据计算技术。由于领域知识图谱本质上是一种关联网络，需要对关联数据的存储和计算进行针对性的研究。

（7）支撑科技知识图谱的标识技术：高效的标识技术可以对科技知识图谱的构建及分析挖掘提供支持，这包括标识的注册解析、关联、认证、管理备案、流量监控以及标识溯源等方面的研究。

2.3 科技大数据知识发现

在科技大数据时代，如何深度挖掘知识间的关联关系，充分利用知识和体现知识价值，是当前资源发现平台关注的重点。中国科学院文献情报中心在“十三五”期间设定了建成有效支持中国科学院科技创新和国家科技发展的智慧型知识服务中心体系的目标，全面推动文献情报服务向智能化、精准化、及时性的科技知识服务转型。

近年来，科技大数据知识发现平台不断涌现，如 Springer Nature 的开放关联数据平台 SciGraph 旨在借助知识图谱提升内容的可发现性与可获得性，在知识组织的基础上，通过数据融合、知识发现、内容计算实现内容价值增值与知识服务。搜索和导航功能使用户能够探索书目的元数据，并基于元数据的分类帮助用户找到想要的内容，分类包括作者、机构、研究领域、项目基金、会议和地点。Taylor & Francis 基于构建的知识图谱开发 Wizdom.ai 平台，提供出版物、专利、作者、机构等科研实体的分类检索。清华大学研发的 AMiner 学术知识服务平台集成了学术大数据融合、专家档案智能抽取、专家智能搜索等研究成果，在论文文献搜索之外提供了针对研究者信息的强大搜索能力。

中国科学院文献情报中心已经建成了“文情方略 – 科技大数据平台”，包括多类型科技成果数据、科技活动数据以及互联网自媒体科技资讯数据，知识关系体量达到 40 亿 +，实现了“数据计算型”的知识发现与情报分析服务范式。同时，面向科学家群体创新研发了“慧”系列智能知识服务产品（包括“慧眼 – 科技大数据知识发现平台”“慧科研 – 智能科研随身助理”等），解决了因科技大数据分散孤立，不能整合计算并释放知识价值的问题；解决了因科学家收集数据、项目填报重复繁杂，难以提升科研工作效率的问题；解决了传统数据服务架构弱化用户参与、不能促进数据流动的问题；全面推动文献情报服务向智能化、精准化、及时性、开放型的科技知识服务转型。

在上述科技大数据知识发现平台建设过程中，还需要解决语义智能检索与排序、科研综述智能生成技术、主题聚合探索分析等关键技术问题。

（1）语义智能检索与排序：构建索引，建立语义搜索模型，通过提供精准、高效的关键词和实体标注主题的匹配、对实体进行主题标注三个方面，实现对科研实体的语义检索、智能排序和相关推荐功能。

（2）科研综述智能生成技术：可以快速提取多篇文档的文摘内容并以少数句子展示关键信息，让用户可以在几分钟内了解整个话题，为用户节省大量时间和精力。

（3）主题聚合探索分析：利用语义搜索引擎，支撑科研用户、企业用户从主题的研究视角深度探索主题的发展趋势、研究热点、热门期刊、研究学者、研究机构和研究论文等。

第3章

科技大数据的相关理论与技术

3.1 科技大数据获取与表达技术

3.1.1 科技大数据采集与存储

随着科学技术的发展，科技资源日益丰富，超过了普通的单机系统处理极限。分布式技术通过组合多台计算机的方式进行资源共享和计算，极大地提高了对海量数据的处理能力，成为当前大数据技术的支柱[1]。多领域跨媒体科技大数据的采集与处理工作主要由数据仓库及相关技术来完成。周瀚章等[2]提出了一种基于大数据技术的数据处理体系，设计了基于多机孤点发现的区域划分算法，实现了高效、精准的数据清洗。蔡明高[3]在数据采集阶段设计了基于分表触发器的变更数据捕获方案，在数据转换阶段划分了批处理层和加速层，用以实现对批量数据和流式数据的特异性处理；在数据载入层则使用不同的数据库分别对结构化数据和非结构化数据进行加载，为科技大数据系统的数据采集、处理与存储模块的架构设计提供了重要参考价值。

3.1.2 科技大数据特征表示技术

科技大数据中的资源实体相较传统的互联网数据表现出更为复杂的特点，使得一些传统的模型和方法不能直接应用于科技资源的语义提取和表达。以论文、专利、项目为代表的科技大数据资源具有领域内专用词汇多、在不同科研领域中相同的术语可能有截然不同的含义、某些资源学术韵味浓厚、表达用语晦涩难懂等特点，这些对科技大数据的精准特征表示造成了很大困难。科技资源大数据包含文本、图像和视频等多种形式，因此出现了不同类型数据的表示技术。

对于科技大数据中的文本数据，它们的语义特征提取一般采用向量空间模型、主题模型以及基于深度学习的词嵌入模型。向量空间模型把文本映射到特定的向量空间，并通过向量的相似性表达文本的相似程度。TF-IDF 是一种传统的文本特征提取方式，通过计算逆文档频率和词频的方式，以多维向量的形式表示文档，是一种典型的向量空间模型。LDA 算法通过词、主题、文档三层结构，以概率论的方式建模文档数据集中每篇文档的主要内容。伍哲等[4]针对科技资源中的学术文献摘要的主题分析，考虑其高维性和时效性，提出了一种基于时间加权的 TF-LDA 算法，融合了 TF-IDF 和 LDA 算法。

深度学习算法具备强大的特征学习能力，能够深入发现和挖掘数据分布的潜在表示。因此，基于深度学习的文本特征表示和语义提取在近年来取得了越来越多的关注和发展。Mikolov 等[5]基于连续词袋模型和 Skip-Gram 模型引入了一种词向量表示模型 Word2Vec，具有维度低、向量表示形式稠密等优点，通过上下文关联关系来生成向量表示。Yoon Kim[6]将 CNN 用于文本任务，提出了 TextCNN 方法，利用卷积神经网络从词嵌入矩阵中提取特征。由于科技文本数据具有时序性，仅仅照搬在其他领域适用的特征提取算法难以取得最佳的效果。RNN 天生具有递归的网络结构，适合处理序列数据[7]。在此基础上衍生而来的 LSTM 和 GRU[8, 9]则引入了记忆性和选择遗忘性，使神经网络更加符合人类的认知方式。虽然传统深度神经网络可用于各种复杂的学习任务，但不适合处理序列到序列的映射任务，Kyunghyun 等[10]提出了一个端到端的深度学习算法构建这种投影关系，引入一个递归神经网络对输入向量进行编码，再通过另一个递归神经网络进行解码，因此该结构又被称为编码 - 解码器模型[11]，通过训练该模型，将中间隐向量作为语义向量，能够完成对科技资源实体的语义特征提取。

在科技大数据图像特征提取中，目前传统的主流方法包含 SIFT 和主成分分析等。主成分分析主要采用降维的方法对图像数据开展特征提取，用一串数字矩阵来代替图像数据，然后数字矩阵中的特征值和特征向量通过正交变换的方法来获取，用基于正交变换计算出来的最大 n 个特征值对应的特征向量来表示图像数据。针对跨媒体科技大数据图像数据的特征提取，Duan 等综合了年龄和性别两个分类器，并融合卷积神经网络模型和极限学习机的结构来完成图像分类任务。该模型利用卷积神经网络完成图像特征提取，中间数据的分类任务由学习机模型来完成。Zhang 等为了提高训练的时间性能并降低噪声数据的影响，引入残差网络来提高隐藏层的图像质量，舍弃潜在的噪音图像，并且基于归一化来完成去噪后图像数据的水平处理。

目前常用的几种深度神经网络结构是 AlexNet[12]、VGGNet[13]、GoogLeNet[14]以及 ResNet[15]。AlexNet 是由 Alex 等人提出的一个卷积神经网络模型，验证了卷积结构在图像特征提取任务上的优越性。VGGNet 是一种更深的神经网络，通常由 16 层或 19 层结构组成，并且在卷积层中使用了比较小的卷积滤波。GoogLeNet 是基于 LeNet-5 的一种网络，它首次引入了 inception 结构。ResNet 通过特殊的结构设计，大幅缓解了随着网络层数加深导致的神经网络训练难的问题，一度成为计算机视觉领域的标配。

对于跨模态科技大数据的统一语义表示方法，比较常见的是将跨模态数据进行统一语义空间映射。基于深度学习的跨模态检索算法主要通过哈希编码的方式实现，利用哈希编码[16]的检索算法可以有效保证准确率，同时能够有效提升跨模态检索速度。为了能够实现从跨模态科技大数据当中的多个不同角度获得特征向量，Kumar[17]提出了哈希检索算法，即 CVH 算法；而 Jingkuan Song 等人[18]提出的 MCH 算法主要对科技数据的来源进行学习，能够实现对跨模态科技数据的学习；Fangxiang Feng 等人[19]提出了结合相似度自编码层的算法，该算法通过对获得的跨模态科技数据进行哈希编码来减少科技实体关系的误差；Wei Wang 等人提出了一种基于自编码器堆叠的模型算法 MSAE[20]，该模型算法的特点是对跨模态的检索算法进行自编码计算。

基于有监督的训练方法一般使用跨模态大数据的标签对不同模态数据之间的相似度进行数据评估。Botong Wu 等人[21]提出的哈希算法具有如下特点：通过基于自身量化损失的模型算法进行不同类别的计算，能够在动态更新数据的同时进行关联关系特征计算。Zijia Lin 等人[22]提出了基于语义保护的哈希算法。Bronstein 等人将跨模态的科技数据特征从不同的特征空间进行统一哈希空间嵌入，提出了一种基于有监督的相似度计算方法模型框架 CMSSH。Dongqing Zhang 等人提出了针对大规模跨模态数据建模的语义相关度最大化模型，为了提升语义识别的准确度，该算法需要在哈希编码空间过程中加入语义标签。

3.2 科技大数据知识图谱与资源画像构建技术

3.2.1 跨媒体科技大数据知识图谱构建

随着互联网的日益普及，科技资源的数据规模及数据来源呈爆炸性增长。国内外众多学者和研究机构都开展了对科技大数据的收集，并以其为基础来构建科技大数据知识图谱[23]。Taylor & Francis 发展了知识图谱工具 Wizdom.ai[24]，其知识图谱涵盖出版物、专利数据、作者信息、机构单位等数据，累计数据总量达 150TB。清华大学开创的 AMiner[25]也是利用抽取技术从网上公开的数据平台挖掘论文、研究人员、研究机构、人员关系等相关数据。上海交通大学提出的 Acemap[26]知识图谱也是基于论文、作者、机构等数据来创建的。

构建大规模的科技资源知识图谱需要丰富的实体关系三元组，通过实体关系抽取算法可以得到部分实体关系三元组，然而一些隐性的关联关系需要经过推演算法获得。通过关系推演算法扩充实体关系，可以为科技资源知识图谱的可视化提供数据支持。

在知识抽取技术中，非结构化数据通过知识抽取中的实体识别、属性抽取、关系抽取等方法来完成数据的提取转换。从科技资源文本中进行实体识别是从非结构化数据中完成知识提取工作的最重要的步骤之一。随着深度学习的迅速发展，基于深度学习算法的实体识别和实体关系抽取变得流行。Cho M[27]、Geng[28]等将长短时记忆网络、Tree-LSTM、循环卷积神经网络应用于实体识别和关系抽取中。Gao 等[29]将长短时记忆网络与词级别的注意力机制用于实体识别模型，性能有较大提升。Zhang 等[30]使用卷积神经网络来构建实体关系抽取的端到端模型。Guo 等[31]使用结合句子解析树的循环神经网络来构建关系抽取模型。Yu 等[32]将卷积神经网络与句子级别的注意力机制用于关系抽取模型，准确度有较大提升。佘恒[33]提出了一种结合多语言注意力机制的关系抽取模型。Yang 等[34]使用强化学习思想，组合多个记忆网络分类器，进一步提高了算法性能。

科技资源实体间的语义关系抽取也是面向科技资源非结构化数据的知识抽取中不可或缺的重要一步。关系抽取的任务是提取两个时间之间的相关关系，这也是后续构建知识图谱的关键。关系抽取方法目前在国内外受到了众多学者的研究追捧，基于数据标注的范围，关系抽取方法可分为有监督、半监督、无监督三种。

实体关系抽取的主流方法是以特征工程为核心工程的机器学习模型，然而在众多的机器学习模型中，构建有效的核函数来进行建模是最通用的方法之一。基于神经网络的相关深度学习方法为关系抽取算法提供了新的解决思路，无须进行科技数据的特征构造和筛选，其中，卷积神经网络以及循环神经网络利用分类问题的方法进行建模，以处理关系抽取任务，双向循环神经网络的出现将两者结合在一起。BERT 模型[35]结合对下游任务的微调在实体识别各项任务中的表现也都达到了先进水平。

3.2.2 跨媒体科技大数据的动态精准画像

基于知识图谱的实体识别和关系抽取技术为形成精准画像建立实体点和关系边，以时间为单位，随着时间的不断推移，跨媒体科技大数据的画像会动态更新、不断完善。随着科技实体规模不断增大，画像的精准受到实体歧义的干扰。科技实体的消歧问题可以类比于机器学习中常见的分类或聚类问题。同样地，基于数据集标注的数据范围，实体消歧方法可以划分为有监督、半监督、无监督三种。在有监督学习方法中，学习分类模型会基于已经标注好的规范的数据集。

目前主流的有监督实体消歧方式主要包括贝叶斯、支持向量机和逻辑回归等模型。相比于有监督的预先标注好数据，无监督的实体消歧方法可以通过数据的特性对数据进行聚类，由于减少了预先标注的工作，在准确率等性能指标上不如有监督的消歧方法。目前主流的无监督实体消歧方法是 K 均值算法。此外，为了降低预先数据标注的成本且提高模型性能，诞生了半监督的实体消歧方法。半监督方法融合聚类和分类模型来开展实体消歧工作，训练的初期需要人工设计规则，最后再基于相似度完成聚类任务。因为训练初期的人工设计规则的成本会随着数据规模的增加而增加，故此类方法仅适用于数据规模较少的任务，而无法满足大规模数据的分类任务。

将知识抽取和实体消歧处理后的科技资源数据写进数据库，即可完成数据的持久化。知识图谱由大量的点和边所构成，目前主流的关系型数据库在大规模结点和边的存储和运算下的表现较差，因为传统的关系型数据库更适于处理实体关系的简单任务，无法满足本文知识图谱构建涉及的复杂实体关系。这里引入了图形数据库，在一个图形数据库中，数据库是由一系列结点形成的结点集和结点点的关系形成的关系集这两部分组成。数据在图形数据库中会以图的结构进行存储，这种图形数据结构使图形数据库在处理知识图谱中的复杂实体关系问题上表现出色。

3.3 科技大数据语义关联关系挖掘技术

科技资源正呈现数据规模大、多模态、更新快速、时效性高和价值密度较低等趋势，对有效获取和利用科技资源带来了严峻挑战。因此，发现跨媒体科技资源间的关联关系，实现跨模态语义关联，并在此基础上提供知识服务和可视化是至关重要的。

为了能在科技实体中对科技实体之间的关联关系进行深度挖掘，通常需要对科技实体关系进行发现与聚类。大多数研究通常使用本体的 WordNet 对科技实体进行描述，通过提出基于反馈标注的计算概率方法，能够发现科技实体训练过程中语义不准确等问题；同时为了能够对科技实体进行特征描述，还可采用添加带有科技实体标注计数概率的反馈标注方法来进行模型计算。鉴于 ERWA 仍然存在各种问题，如不能对科技实体之间的关联关系进行表示、只能描述数量有限的科技实体，有人提出了通过科技实体传递来进行概念演绎，最终实现关联关系的抽取算法。

在科技实体关系挖掘领域，查询聚类算法是当前领域研究比较流行的算法，该方法主要用来对实体关系进行抽取。为了能够对科技实体的趋势进行分析，需要对科技需求文本数据中语义之间的合理性进行判断，所以不能仅仅依赖查询聚类来实现。为了能够对用户的访问序列行为进行分析，研究者提出了一种基于协同过滤的算法，该算法能够对用户行为进行分析，而且能够对一些附加数据进行权重计算，这些附加信息主要包括时间间隔、点击次数、是否加入收藏夹和页面是否被切换等相关因素。由于这种算法仍然存在不能对用户的长期兴趣进行分析的问题，因此有人提出了一种建立兴趣模型的算法，该算法能够对图片的评分建立图片兴趣模型，通过该模型能够有效地对用户的长期兴趣进行分析。

3.4 科技大数据知识服务构件的开放协同机制与技术

利用有效的跨媒体科技资源与数据，结合前沿算法和技术，在知识服务构件开发过程中进行有效的开放协同。利用代码协同、项目协同、持续集成持续部署工具，来实现知识服务构件的开放协同机制。结合不同知识服务构件的功能特点，选择相应的服务架构，协同开发知识服务构件，使用通用的 HTTP 协议进行服务构件之间的通信。最后利用分布式平台部署知识服务构件，实现知识服务构件的可扩展性、开放性。

知识服务构件开发技术将面向服务架构（SOA）的思想引入构件开发技术，其中 SOA 是一种支持解耦、可协同性好的应用软件开发方式。目前实现 SOA 思想主要有三种服务构件技术，分别是开放服务网关协议（OSGI）、服务组件架构（SCA）和 Java 业务集成（JBI），这些服务构件技术都有相对应的服务构件模型。OSGI 是一系列用于面向服务框架的规范定义，它允许所有的用户服务应用程序在同一个网络通信机器间进行通信。常见的 OSGI 服务构件模型有 SOCM，SOCM 是一种面向 Java 系统的、可动态变化的构件模型。知识服务构件可以通过 OSGI 来实现服务构件之间的连接通信，参与连接的构件可以组装成一个 Bundle，经过简单的拆除与组装可以开发出需要的应用程序。

SCA 是 IBM、BEA 等软件公司在 2005 年联合发布的，它是一种新规范，用于支持面向服务架构的实施。SCA 是一个与网络通信交互协议、服务访问请求方式、程序开发语言都无关的服务构件模型。SCA 主要为用户提供的接口类型是 WSDL，当然也有一部分服务组件架构提供的是 Java 开发语言接口。通过服务组件架构模型，用户可以简单方便地封装现在流行的技术，比如 Springboot 技术、Spring 技术、Dubbo 技术、SpringCloud 技术等，使之成为符合我们日常需求的服务构件。

Java 业务集成是互联网技术服务公司 Sun 首次提出的，目的是构建一个规范的、开放的平台来实现 Java 企业级应用的集成。在 Java 业务集成的统一框架下，用户可以自行地集成满足开发规范的第三方软件公司实现的各种构件，用户植入的所有构件可以在 Java 业务集成容器中相互通信、相互协作。Java 业务集成架构主要由两种重要的构件组成，分别是服务引擎构件与服务绑定构件，服务引擎构件的主要功能是为插入的业务逻辑提供服务编排；服务绑定构件的主要功能是连接外部应用程序与 Java 业务集成构件之间的通信。

3.5 科技大数据动态推演与交互可视化技术

目前对科技大数据关系动态推演问题的研究大都建立在封闭域的数据集上，一般都是利用已经确定的实体关系进行潜在的知识推理。伴随着统计机器学习、深度学习算法的快速发展，将卷积神经网络、循环神经网络用于挖掘知识图谱中潜在知识的关系推理已成为一种趋势。Cheng 等[36]提出一种基于卷积神经网络进行多级路径关系推演的方法。Torosdagli N 等[37]提出一种基于循环神经网络对关系路径进行推演建模的方法。Saebi M 等[38]提出一种基于强化学习的关系路径发现并推演的方法，极大地提高了关系推演的性能。

随着科技大数据时代的到来，数据量逐渐庞大起来，数据可视化显得尤为重要，它是大数据分析中不能缺少的技术手段。通过对目前国内外跨媒体科技大数据的交互可视化[39, 40]类型进行梳理，发现主要有知识图谱类可视化、发展趋势类可视化、地域发布类可视化、事务流程类可视化、综合信息类可视化等类别。知识图谱类可视化主要用于展示研究主体之间的关联关系，同时可通过叠加条形图或折线图等对科技信息可视化进行升级[41]。发展趋势类可视化主要用于揭示论文、专利、技术主题等与时间的变化关系。地域发布类可视化主要用于展示地区的科研实力，通过配合热力图的使用，可以很快获知不同地区的科技能力。事务流程类可视化主要用于科技产品的发展周期以及相应的变化情况。综合信息类可视化是现在的发展趋势，主要用于大数据项目的展示，通过对科技信息的重要程度进行分级，分时展示各类科技信息。

参考文献

[1] 覃家伟. 面向日志大数据分析的业务服务系统的设计与实现[D]. 广州：华南理工大学，2018.

[2] 周瀚章，冯广，龚旭辉，等. 基于大数据的 ETL 中的数据清洗方案研究[J]. 工业控制计算机，2018，31(12)：108-110.

[3] 蔡明高. 面向工业大数据的分布式 ETL 系统的设计与实现 [D]. 北京：中国科学院大学，2017.

[4] 伍哲，杨芳. 时间加权的 TF-LDA 学术文献摘要主题分析 [J]. 计算机技术与发展，2019（12）：1-9.

[5] Mikolov T，Chen K，Corrado G，et al. Efficient estimation of word representations in vector space[J]. arXiv preprint arXiv：1301.3781，2013.

[6] Lipton Z C . A Critical Review of Recurrent Neural Networks for Sequence Learning [J] . Computer Science，2015.

[7] Dey R，Salemt F M. Gate-variants of gated recurrent unit（GRU）neural networks [C] //2017 IEEE 60th international midwest symposium on circuits and systems（MWSCAS）. IEEE，2017：1597-1600.

[8] Chung J，Gulcehre C，Cho K H，et al. Empirical evaluation of gated recurrent neural networks on sequence modeling [J] . arXiv preprint arXiv：1412.3555，2014.

[9] Kyunghyun Cho，Bart van Berrienboer，Caglar Gulcehre，et al. Learning Phrase Representations using RNN Encoder-Decoder for Statistical Machine Translation [J] . arXiv：1406.1078 / EMNLP 2014.

[10] Sutskever I，Vinyals O，Le Q V. Sequence to sequence learning with neural networks [C] // Advances in neural information processing systems. 2014：3104-3112.

[11] Dey R，Salemt F M. Gate-variants of gated recurrent unit（GRU）neural networks [C] //2017 IEEE 60th international midwest symposium on circuits and systems（MWSCAS）. IEEE，2017：1597-1600.

[12] Krizhevsky A，Sutske ver I，Hinton G E. Imagenet classification with deep convolutional neural networks [C] //Advances in neural information processing systems. 2012：1097-1105.

[13] Simonyan K，Zisserman A. Very deep convolutional networks for large-scale image recognition [J] . arXiv preprint arXiv：1409.1556，2014.

[14] Christian S，Wei L，Yangqing J. Going Deeper with Convolutions [J] . arXiv：1409.4842.

[15] He K，Zhang X，Ren S，et al. Deep Residual Learning for Image Recognition [J] . 2015：770-778.

[16] Tsung-Han，Chan，Kui，et al. PCANet：A Simple Deep Learning Baseline for Image Classification? [J] . IEEE transactions on image processing ：a publication of the IEEE Signal Processing Society，2015.

[17] Koichiro，Tamura，Daniel，et al. MEGA5：molecular evolutionary genetics analysis using maximum likelihood，evolutionary distance，and maximum parsimony methods. [J] . Molecular biology and

evolution，2011.

[18] Song J，Yang Y，Huang Z，et al. Multiple feature hashing for real-time large scale near-duplicate video retrieval [C] // International Conference on Multimedea. DBLP，2011：423.

[19] Feng F，Li R，Wang X . Deep correspondence restricted Boltzmann machine for cross-modal retrieval [M] . Elsevier Science Publishers B. V. 2015.

[20] Yang D，Yang H M，Wang P，et al. MSAE：A Multitask Learning Approach for Traffic Flow Prediction Using Deep Neural Network [M] // Advances in Intelligent Information Hiding and Multimedia Signal Processing，2020.

[21] Zhu X，Wu B，Huang D，et al. Fast Open-World Person Re-Identification [J] . IEEE Transactions on Image Processing，2017：1.

[22] Lin Z，Ding G，Hu M，et al. Semantics-preserving hashing for cross-view retrieval [C] // Computer Vision & Pattern Recognition. IEEE，2015.

[23] Yang Y，Tong Y，Ma S，et al. A Position Encoding Convolutional Neural Network Based on Dependency Tree for Relation Classification [C] // Proceedings of the 2016 Conference on Empirical Methods in Natural Language Processing (EMNLP 2016)，2016.

[24] Taylor & Francis. Wizdom.ai [EB/OL] . [2018-05-05] . https：// www.wizdom.ai/#about.

[25] Tang J，Zhang J，Yao L M，et al. AMiner：Extraction and Mining of Academic Social Networks[C]// Proceedings of the 14th ACM SIGKDD International Conference on Knowledge Discovery and Data Mining (SIGKDD' 2008) . Las Vegas，Nevada，USA. New York，ACM，2008：990-998.

[26] Acemap Knowledge Graph [EB/OL] . [2018-05-05] . https：// acemap.info/app/AceKG/.

[27] Cho M，Ha J，Park C，et al. Combinatorial feature embedding based on CNN and LSTM for biomedical named entity recognition [J] . Journal of biomedical informatics，2020 (103)：103381.

[28] Geng Z Q，Chen G F，Han Y M，et al. Semantic relation extraction using sequential and tree-structured LSTM with attention [J] . Information Sciences，2020 (509)：183-192.

[29] Gao Y，Wang Y，Wang P，et al. Medical Named Entity Extraction from Chinese Resident Admit Notes Using Character and Word Attention-Enhanced Neural Network [J] . International journal of environmental research and public health，2020，17 (5)：1614.

[30] Zhang X，Li P，Jia W，et al. Multi-labeled relation extraction with attentive capsule network [C] // Proceedings of the AAAI Conference on Artificial Intelligence. 2019，33 (1)：7484-7491.

[31] Guo X，Zhang H，Yang H，et al. A single attention-based combination of CNN and RNN for relation classification [J] . IEEE Access，2019 (7)：12467-12475.

[32] Yu B，Zhang Z，Liu T，et al. Beyond Word Attention：Using Segment Attention in Neural Relation

Extraction [C] //IJCAI，2019：5401–5407.

[33] 佘恒．基于深度学习的中文文本实体关系抽取研究与实现 [D]．北京：北京邮电大学，2019.

[34] Yang D，Wang S，Li Z. Ensemble Neural Relation Extraction with Adaptive Boosting [J] . Proceedings of the Twenty–Seventh International Joint Conference on Artificial Intelligence，2018：4532–4538.

[35] 本刊讯．Google 开源 BERT 模型源代码 [J]．数据分析与知识发现，2018，2 (11)：18.

[36] Cheng B，Li Z，Xu B，et al. Structured Object–Level Relational Reasoning CNN–Based Target Detection Algorithm in a Remote Sensing Image [J] . Remote Sensing，2021，13 (2)：281.

[37] Torosdagli N，McIntosh M，Liberton D K，et al. Relational reasoning network (RRN) for anatomical landmarking [J] . arXiv preprint arXiv：1904.04354，2019.

[38] Saebi M，Krieg S，Zhang C，et al. Heterogeneous Relational Reasoning in Knowledge Graphs with Reinforcement Learning [J] . arXiv preprint arXiv：2003.06050，2020.

[39] 杨丽娜，马照亭，朱立宁，等．时空数据可视化研究 [J]．测绘与空间地理信息，2020.

[40] 田伟．基于交互式的大数据可视化探究 [J]．中国新通信，2019，21 (20)：103–104.

[41] 钱爱娟，董笑菊，沈绮文，等．高校图书馆用户画像与行为可视化分析 [J]．图书馆杂志，2020，39 (10)：82.

第4章 科技大数据的平台与系统

科学数据库是最重要的科技资源之一，它们既是科学研究的基础，也是科学研究的成果，在大数据时代，更是一种重要的国家战略资源，同时具有很高的经济价值，应该得到充分的共享和使用。科技大数据平台的建设有利于汇聚科技创新链各环节的数据信息，面向不同用户信息需求提供移动服务类、趋势分析类、数据处理管控类、智能分析推荐类等特色数据服务功能，建立统一服务入口，有效提升服务能力，在社会治理、商务、科研管理、安全、抗疫、智能交通等领域发挥重要作用。本章将对科技大数据平台进行概述，并从信息、人力、组织三个角度对现有的科技大数据平台进行调研。

4.1 科技大数据平台概述

科技大数据平台除了汇聚科技资源共享平台的科技资源数据，还汇聚地方科技部门日常科技业务管理系统形成的科技管理数据。其中，科技资源数据包括大型仪器设备、自然科技资源、科学文献、科学数据、科技成果等。大型仪器设备具体分类包括分析仪器、物理性能测试仪器、计量仪器、电子测量仪器、海洋仪器、地球探测仪器、大气探测仪器、天文仪器、医学诊断仪器、核仪器、特种检测仪器、工艺实验设备、计算机及配套设备、激光器等。自然科技资源具体分类包括动物种质资源、微生物资源。科学数据具体包括人口健康数据、林业数据、农业数据等。科技成果具体包括论文、专利、获奖、著作、技术标准、咨询报告等。而科技管理数据主要包括各类科技政策法规、科技企业清单、高新区清单、高等院校清单、科研院所清单、立项数据、评价结果、统计数据等信息公开数据。

科技大数据平台底层以数据仓库模式进行存储管理，与日常科技业务管理系统的数据库相分离，两者之间需要进行定期数据同步。考虑到未来基于大数据平台的科技服务应用需要考虑用户画像、个性化推荐、机器学习、数据分析等各种复杂应用场景，与传统数据仓库相比，基于大数据平台的数据仓库建设要求快速响应需求且灵活、多变，故数据同步周期需要在实时与满足业务应用两者之间取得平衡[1]。

4.1.1 科技大数据平台意义

建设科技大数据平台，可以实现科技大数据服务门户的基础管理功能，完成面向科技管理者、科研人员、科研机构、服务机构、社会大众等不同用户的服务门户搭建。科技大数据平台根据用户的不同设置权限，精准展现用户所需的创新科技数据资源，提供个性化的数据服务。此外，平台还可以通过大数据支撑科技决策体系的建设与规划，综合利用关系抽取、文本分析、数据挖掘与可视化等技术，为科技决策主体提供政策意见和建议征求、政策咨询、科技统计、未来科技趋势分析、技术前瞻与预测及重点领域跟踪等科技决策支持功能，进一步提升系统的数据服务能力，有助于科技管理决策的科学化。

基于大数据技术建设的科技大数据平台，是保证实现科技管理信息系统、提供科技创新服务的新路径。大数据系统通过计算机的软件、硬件、网络通信设备等渠道，收集各类信息系统产生的信息并加工，从而实现对数据的采集、存储、处理、传递和备份。大数据依赖于云平台，云计算为大数据提供最基本的生存基础，而移动互联网则集二者优势之大成，既有随时、随地、随身的便捷，又有互联网开放、共享、互动的精神核心。科技大数据平台利用大数据技术进行科技统计、科技趋势分析、技术预测和决策分析等，利用云计算技术提高建设服务效能，利用移动互联网提高科技创新服务的便捷性。大数据、云计算、移动互联网等新兴科技的应用使科技信息管理与服务工作向智能化、集约化、高性能、精细化方向发展，有效提升了科技管理和服务水平。

4.1.2 科技大数据平台架构

科技大数据平台的建立需要多种科技创新资源数据的支撑，可以说，数据资源建设是平台构建的核心与基础工作。创新资源数据的采集范围涉及创新链条的整个环节，包括科技相关政策、高端人才、国内外论文、专利、创新主体、创新服务机构等，通过与其他各类相关数据资源的互联互通，系统形成科技项目库、科技人员库、科技机构库、科技产出库、科技信用库等核心的主题数据库。除了主题数据资源库，系统中的数据资源体系建设还包括其他科技类数据资源和非科技类数据资源，如图 4-1 所示。

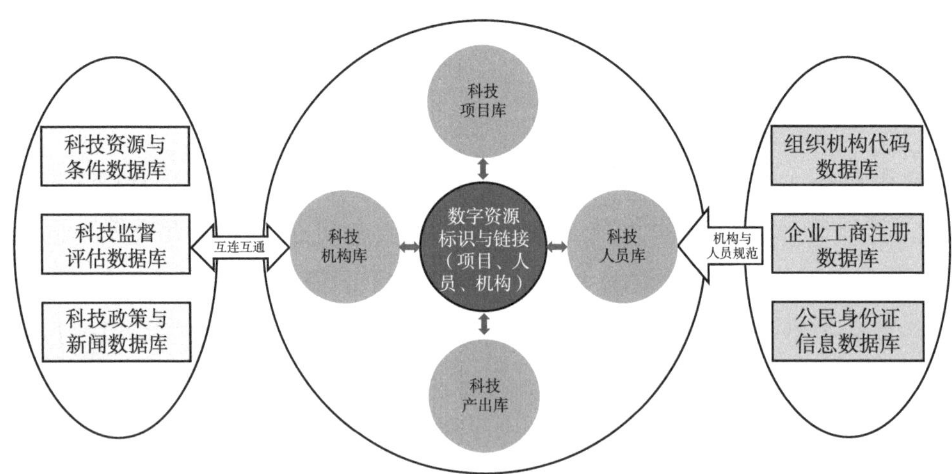

图 4-1　科技大数据平台架构

需要建设的主题数据资源库为核心数据资源库，包括科技项目库、科技人员库、科技机构库、科技产出库等创新资源数据。已建成的科研活动数据平台包括各省市的科技管理信息系统、科技资源与条件平台、科技监督评估平台、科技政策与新闻系统等。通过与这些科技相关数据库的数据互联互通，可以获得各类主题数据并进行分析，有效利用全国科技创新数据资源。

其他科技类数据资源包括科技资源与条件数据库、科技监督评估数据库、科技政策与新闻数据库等。由于科技大数据与其他业务类型的数据是紧密联系的有机体，因此，还需要非科技类数据资源建立机构与人员数据规范。非科技类数据资源包括组织机构代码数据库、企业工商注册数据库、公民身份证信息数据库等，通过与统一标准的机构注册信息数据库、居民身份信息数据库的链接，为系统中机构与人员信息的入库规范校验提供权威保障。其中，机构注册信息数据库包括国家质检总局的组织机构代码数据库和国家工商总局的企业工商注册信息数据库等；人员数据库包括公安部的居民身份证信息数据库[2]。

各渠道的各类数据集成为科技大数据的基础数据资源，通过大数据、云计算等先进技术构建科技项目库、科技人员库、科技机构库、科技产出库等主题数据资源库，基于数据挖掘技术关联分析各类主题库，使用数据关联模型为不同数据之间的关联提供校准参照，为不同的业务提供服务。

4.1.3 数据的集成与组织

科技大数据不仅包括企业、高校、研究院、孵化器、众创空间等一般意义上的科技创新主体，还包含科技政策、人才、论文、专利、项目等创新链中的各类创新资源。科技大数据的关联与综合分析需要依赖数据的有效关联、集成融合和组织。

大数据呈现多源异构的特征。按照规范化程度，大数据可以分为结构化数据、半结构化数据、非结构化数据。按照表现形式，大数据又可以分为文本、图形图像、音频、视频、动画数据等。多源数据的集成融合是大数据处理分析的重要环节。对多源数据的关联与综合分析，有利于深入挖掘数据的潜在价值，提升分析效益；对多源数据的交叉印证，有助于辨别数据真伪，避免决策失误。

知识图谱为科技大数据的关联实现提供理论指导和方法支持。知识图谱是由 Google 公司于 2012 年提出的概念，可以对现实世界的事物及其相互关系进行形式化的描述。实体是知识图谱中最基本的元素，不同实体间存在不同关系。知识图谱本质上是由实体及实体之间的关系组成的多关系图，是一种揭示实体之间关系的语义网络。

知识图谱的构建方法通常认为有自顶向下和自底向上两种，在构建多数据源的知识图谱时，一般是两种方法相结合，先采用自顶向下的方式来构建本体库，后采用自底向上的方式提取知识以扩展知识图谱。也就是说，对科技大数据平台而言，先对各类创新主体和创新资源等多种不同的数据进行集成融合，构建领域本体库，然后映射为全局本体库；接着通过知识获取和数据融合的方法构造知识图谱，建立不同实体之间的语义关联关系；最后搭建相应的应用平台，平台可以实现对知识图谱的查询与更新。

4.2 科技大数据信息平台

科技大数据信息平台收录各领域相关的论文、图书、期刊等，帮助用户快速、准确地寻找学术资料，了解国内外相关领域的研究现状和发展趋势。典型代表有谷歌学术、百度学术、中国知网、科技大数据知识发现平台、Research Gate、OAIster、Library Genesis 等，接下来将重点介绍谷歌学术、百度学术、中国知网、科技大数据知识发现平台这四个平台。

4.2.1 谷歌学术

谷歌学术隶属于谷歌公司旗下，提供免费搜索学术文章的服务。谷歌学术搜索包括了世界上绝大部分已出版的学术期刊，支持关键字、分类筛选等高级搜索功能，可以查找报告、摘要及引用内容，能够提供相关数据库内文献的引用次数以及搜索结果的排名等，为研究者了解某一学术领域中确定相关性最强的研究提供帮助，目前仍是研究者搜索文献尤其是英文文献的首选方式。

4.2.2 百度学术

百度学术是百度旗下的学术资源搜索平台，收录了多个国内外学术站点，涵盖了各类学术期刊、会议论文。百度学术主要包括学术首页、学术搜索、学术服务三大服务，提供论文查重、学术分析、期刊频道、学者主页、开题分析、文献互助六大重要功能及常用数据库导航入口，支持用户进行文献、期刊、学者三类内容的检索，并且搜索结果可以按照需求以“相关性”“被引频次”“发表时间”三个维度分别排序。

百度学术对中文使用者友好，且支持高校和科研机构的图书馆对学术搜索进行定制。

4.2.3 中国知网

中国知网（CNKI）是以实现全社会知识资源传播共享与增值利用为目标的信息化建设项目，由清华大学、清华同方发起，始建于 1999 年 6 月。CNKI 工程集团经过多年努力，采用自主开发并具有国际领先水平的数字图书馆技术，建成了世界上全文信息量规模最大的 CNKI 数字图书馆，并正式启动建设《中国知识资源总库》及 CNKI 网格资源共享平台，通过产业化运作为全社会知识资源高效共享提供最丰富的知识信息资源和最有效的知识传播与数字化学习平台。中国知网主要提供分类统计和知识检索服务，其中分类统计内容包括中国正式出版的 7000 多种自然科学、社会科学学术期刊发表的文献量及其分类统计表，各期刊论文的引文量、引文链接量及其分类统计表，期刊论文作者发文量、被引量及其机构统计表，以及 CNKI 中心网站访问量及分 IP 地址统计表；知识检索主要包括文献搜索、数字搜索、翻译助手、图形搜索四种搜索功能。

4.2.4 科技大数据知识发现平台

科技大数据知识发现平台又称“慧眼”，是在中国科学院支持下研发的“慧”系列智能知识服务产品之一，于中国科学院文献情报中心的科技大数据平台基础上研发。平台以知识图谱为核心搜索引擎，结合基础数据库、领域知识库，提供对论文、专利、资讯、报告、期刊、学者、机构、项目等科研实体的检索关联发现，可以对搜索结果进行“发表时间”“相关度”“论文标题”三个维度的筛选，有助于全方位多角度跟踪相关领域的发展动向，把握前沿科技信息。[3]

4.3 科技大数据人力平台

科技大数据人力平台是集合人才、论文、专利、项目等各类创新资源的服务平台，平台大量收录了全球范围内学者的信息。科技大数据人力平台能提供文献检索和人才价值评估服务，方便用户追踪该领域的学科进展和研究前沿。本节将重点介绍全球学者库、AMiner 平台以及 CNKI 学者库。

4.3.1 全球学者库

全球学者库是以全球学者为主线，采集、加工和组织学术论文而形成的新型学术文献查询和分析系统，可以对全球学者进行文献检索和人才价值评估。用户可以通过关注某些学科领域的顶尖人物而持续追踪该领域的学科进展和研究前沿。目前，全球学者库收录了国内外主流学术期刊 3 万余种，收集的期刊论文及会议论文总量约 7500 万篇，并以每天 6000 余篇的速度递增，是国内收录国际学术论文最多的系统之一，也可以为用户提供个性化、定制化的学者数据。

4.3.2 AMiner 平台

科技情报大数据挖掘与服务系统平台 AMiner 是由清华大学计算机科学与技术系教授唐杰率领团队建立的，是具有完全自主知识产权的新一代科技情报分析与挖掘平台。

AMiner 自 2006 年上线以来，服务于全球科研人员，覆盖了全球 220 个国家和地区的 832 万独立 IP 用户，服务 21 万余家企事业单位及各类机构，提供科研数据下载 230 万次，近 3 年年均数据访问量在 1100 万次以上。平台为中国工程院、国家自然基金委、科技部等科研管理部门提供专家智库、科技发展战略规划等科技情报挖掘服务。

AMiner 利用数据挖掘和社会网络分析技术[4]，从海量文献及互联网信息中获取信息并进行语义抽取和隐含关联关系挖掘，构建亿级全球全领域学者库级人才网络，为学者、机构、企业等提供人才搜索、论文搜索、学者社会网络关系识别、学者能力图谱等多样化功能。

AMiner 平台以科研人员、科技文献、学术活动三大类数据为基础，构建三者之间的关联关系，深入分析挖掘，面向全球科研机构及相关工作人员提供学者、论文文献等学术信息资源检索以及面向科技文献、专利和科技新闻的语义搜索、语义分析、成果评价等知识服务。典型的知识服务包括学者档案管理及分析挖掘、专家学者搜索及推荐、技术发展趋势分析、全球学者分布地图、全球学者迁徙图、开放平台等。

4.3.3 CNKI 学者库

CNKI 学者库为学者提供管理自己的学术成果、自动推送新成果、科学评价学术影响力和构建学术社区的服务，同时支持多种格式的批量导入、导出成果，还可以跟踪同行进展，是学者展示学术成果、扩大学术影响力的有效途径。

4.4 科技大数据组织平台

科技大数据组织平台主要对各个科研机构、重点实验室、高校院系进行整理和搜集，其中一些平台也对机构的人力、经费、设备等方面进行调研。与科技大数据信息平台不同的是，科技大数据组织平台可以帮助用户根据特定科研团队或实验室来检索研究内容，以查阅在某个研究领域更具连贯性、更深层次的成果。本节将重点介绍 Web of Science、WorldWideScience 和科塔学术等科技大数据组织平台。

4.4.1 Web of Science

Web of Science 是全球最大、覆盖学科最多的综合性学术信息资源，收录了自然科学、工程技术、生物医学等各个研究领域最具影响力的超过 8700 多种核心学术期刊。利用 Web of Science 丰富而强大的检索功能——普通检索、被引文献检索、化学结构检索，用户可以方便快速地找到有价值的科研信息，既可以越查越旧，也可以越查越新，全面了解有关某一学科、某一课题的研究信息。

SCI 数据库包含的是关于引文的数据库。通过该数据库，用户可以检索到哪些文章是曾经被引用过的。因为好的文章或者有启发性的文章，当然或必然被应用，因此该引文库具有相当的科学价值。由于该库对期刊的评价相当严格，因此被检索到的文献具有很高的学术价值。

ISI 所谓最有影响力的研究成果，指的是报道这些成果的文献大量地被其他文献引用。为此，作为一部检索工具，SCI 一反其他检索工具通过主题或分类途径检索文献的常规做法，而设置了独特的“引文索引”，即通过先前文献被当前文献的引用来说明文献之间的相关性及先前文献对当前文献的影响力。

Web of Science 逐渐成为科研评价的一种依据。科研机构被 SCI 收录的论文总量反映整个机构的科研尤其是基础研究的水平，个人论文被 SCI 收录的数量及被引用次数反映该学者的研究能力与学术水平。

4.4.2 WorldWideScience

在 2007 年国际科学信息联合会会议上，美国能源部和英国图书馆推出了全球科学信息门户 WorldWideScience.org，支持对来自 10 个国家的 12 个数据库及门户进行联合搜索。WorldWideScience.org 的推出受到国际上的广泛关注，不断有其他国家的数据资源加入进来。2008 年 6 月 12 日，来自 38 个国家的代表在韩国首尔签署了 WorldWide Science 联盟协议，中国也在当年加入该联盟。到目前为止，网站的科学信息来源已经发展到涵盖 70 多个国家的 61 个科学数据库及门户。

网站采用 Deep Web Technologies 公司深层网络联合搜索技术，用户只需通过搜索界面发出简单的指令，就可以同时检索多个数据源。但是在多语言网站发布之前，仅限于搜索有英文题目和摘要的数据库及门户。

通过联合搜索，网站可以提供对全球科学和研究结果的报道。联合搜索技术允许用户通过单个查询实时搜索多个数据源，提供了对“深度网络”科学数据库的同时访问，这些数据库通常无法被商业搜索引擎搜索到。WorldWideScience.org还实现了多语言翻译功能。使用Microsoft的Bing Translator，多语言版本网站使用户能够以十种语言搜索数据库，然后将结果翻译成用户的首选语言，并可以为阿拉伯语、中文、英语、法语、德语、日语、韩语、葡萄牙语、俄语和西班牙语执行“一对多”和“多对一”机器翻译。WorldWideScience也提供对科研机构的检索功能。

4.4.3 科塔学术

科塔学术致力于成为国内领先的科研与学术资源导航平台，为科研人员提供科研网站导航、网址库、学术资讯聚合等服务，让科研工作更简单、更有效率；致力于成为专业、独立、有品质的科研信息服务平台，为社会公众提供科研活动中涉及的基金项目、创新基地、基础设施、人才荣誉和成果产出等数据统计分析，让社会公众更加便捷、全面地了解科研投入、过程和产出。

网站提供科研咨询浏览以及科研机构、设施、仪器、软件的查找服务。

4.5 本章小结

目前，科技大数据平台大致分为三类：一是科技信息大数据平台，二是科技人力大数据平台，三是科技组织大数据平台。

科技信息大数据平台，如谷歌学术、Aminer、百度学术、中国知网以及科技大数据知识发现平台等，为企业、高校、科研机构和个人提供全面且准确的学术检索。企业、高校、科研机构和个人既是产生数据的贡献者，又是使用数据的受益者，依靠平台能够快速、准确地了解国内外相关学科的研究现状和发展趋势。

科技人力大数据平台，如Aminer、全球学者库等。目前，越来越多的人投身学术界并在众多研究领域取得成就。人力大数据平台广泛收录全球学者的个人信息，提供学者、论文文献等学术信息资源检索。用户可以对全球学者进行文献检索和人才价值评估，同时可以通过关注领域的顶尖人物，持续追踪该领域的学科进展和研究前沿。

科技组织大数据平台，如ISI Web of Science、WorldWideScience、科塔学术

等。目前，数据产业发展环境持续优化，产业生态系统日趋完善，组织大数据平台为社会公众提供科研活动中涉及的基金项目、创新基地、基础设施、人才荣誉和成果产出等数据统计分析，让社会公众更加便捷、全面地了解科研投入、过程和产出。

参考文献

[1] 赵剑冬. 基于区域科技大数据平台的科技服务模式研究[J]. 产业与科技论坛，2019（14）：31.

[2] 戴国强，赵志耘. 科技大数据：因你而改变[M]. 北京：科学技术文献出版社，2019.

[3] 胡吉颖，谢靖，钱力，等. 基于知识图谱的科技大数据知识发现平台建设[J]. 数据分析与知识发现，2019，3（1）：46-54.

[4] Jie Tang. AMiner:Toward Understanding Big Scholar Data. In Proceedings of the Ninth ACM International Conference on Web Search and Data Mining（WSDM’16），467.

第5章 科技大数据在社会服务中的应用

随着云计算、互联网和物联网等网络技术的应用、发展与普及，人类社会进入了数据爆发式增长的时代，海量数据的产生与流转成为常态，大数据在经济、金融、生物遗传等各个领域的应用引起了各界的高度关注[1]。关于科技大数据，有的学者认为是一种特殊类型的大数据，是指长期积累形成的与科技创新全过程相关的各类非数值型科技信息，也称为事实型科技大数据。它涵盖了客观描述科技创新决策和具体的科技创新活动全过程的各类科技信息，最常见的一种科技大数据即科技文献数据。也有的学者认为科技大数据不同于传统论文数据，也不同于一般意义上的网络及行业大数据，数据内容包括科技成果数据、科技活动数据以及互联网自媒体科技资讯数据[2，3]。

加强科技大数据等数据资源库和平台建设是推动我国科技创新、建设国家大数据中心的重要组成部分。2020 年 4 月，国家发改委首次明确新基建的范围，即信息基础设施、融合基础设施、创新基础设施，建设内容涉及 5G 基站、人工智能、大数据中心等七大领域[4]。科技大数据作为一种独特的大数据类型和新一代基础设施之一，将成为我国数字经济新的经济增长点，在建设成为世界科技创新强国中发挥重要作用。

目前，人工智能正引发链式反应般的科学突破，引领新一轮科技革命和产业变革。而作为支撑人工智能发展的科技大数据，记载着科学真理验证过程、实验观测、研究结论、网络交流等科技情报知识线索，是人工智能用于科技创新发现的算法模型实现的数据根基和知识基础。而人工智能发展的核心之一是高质量、海量的、可计算的数据，以有效帮助机器更好地理解物联网和认知人类知识，特别是具有结构化、语义化与关联化的科技大数据有利于人工智能算法模型的训练与生成[5]。

5.1 科技大数据在社会服务应用中的理论与技术

5.1.1 理论与技术概述

大数据概念第一次被提出是在维克托·迈尔·舍恩伯格及肯尼斯·库克耶编写的《大数据时代》一书中，他们对大数据的定义为：不同于随机分析法即抽样调查这样的捷径，而采用所有的数据进行分析处理。所谓“所有的数据”即人类所能获得数据的总和。从属性的角度，大数据研究机构 Gartner 对大数据的定义是“指需要新处理模式才能具有更强的决策力、洞察力和流程优化能力的数量大、高增长率和多样化的数据资产”。从大数据定义看，大数据是一个宽泛的概念，每个人对大数据的见解都不同。综上所述，大数据是人类从所能获取到的完整、动态、实时的杂乱数据集中，通过深度挖掘分析而获得有价值信息的能力，不仅体量大、类型多，且多关注数据的深度分析和应用[6]。

（1）众多数据的汇集。计算机技术在不断发展，自然就会产生更多的数据。据调查，现阶段数量庞大的新数据会以每年增长 50% 的速度上升。用大数据处理相关工作，不仅能够降低工作人员的劳动强度、节约大量物力，同时大数据还能进行自动寻找与科学分类。而人工智能则是通过对大数据技术所汇集来的所有数据进行智能化处理提升自身的准确程度[6]。

（2）众多数据的存储。除了数据收集，大数据还能够让数据库以并行的状态来存储大量数据信息。近几年，伴随着系统技术的不断提升，所有数据库当中的检索、结果缓存等技术功能也在随之不断健全，但数据库还是存在些许不足，所以人们更希望智能化的数据存储出现。在众多数据的存储上，如果可以合理运用人工智能机器人直接将原有的数据块删除，同时将其中最有价值的信息提取出来，之后融入机器人的“大脑”中，不但多了许多新的存储空间，还能让人工智能机器人的“大脑”存储更多的关键数据，可大大降低数据存储风险[7]。

（3）数据的表示、检索和随机访问。因为大数据自身具有强大的优势和特点，所以数据表示起来会有一定的复杂性。当人们在运用检索数据时，传统的数据管理系统以发送信号的方式将关键词发送到各个服务器，然后进行查找，由于不能高效地对大数据进行处理，查找出来的信息有可能与客户的需要出现偏差。为了改变这一问题，运用 Apache Hadoop 中的 HDFS 系统，新兴大数据的信息检索真正实现了对大数据的随时访问。

5.1.2　科技大数据在社会服务应用中的特点

目前，无论是从事情报分析的专家学者，还是从事科学技术研究的科技人员，面对日益增长和积累的庞大数据集，都会期待运用某种手段或方法以发现有价值的情报信息。和大数据一样，科技大数据多是呈现结构化、半结构化或非结构化的数据结构和状态，处理起来较为烦琐且需要较长时间，传统的数据管理和处理方法已经难以解决这一问题。

科技大数据呈现的主要特点除了数据量大且增长速度快、数据来源和数据结构类型多、有价值的数据相对比例小之外，还具有敏感性和积累性，涉及国家安全和利益。因此，科技大数据的处理和数据分析与其他类型大数据相比，更具有一定的复杂性。

5.2　科技大数据在社会服务应用中的应用情况

5.2.1　应用情况概述

由于大数据具有数据众多且处置速度较快等一系列优点，因此大数据在社会、经济、军事等方面都得到了广泛应用。在大数据的加持之下，越来越多的智能设备走进了人们的日常生活，很多智能系统被广泛运用于工业生产领域。在消费领域，商家通过大数据就可以分析出人们的消费习惯，为人们提供更加精准的服务。例如，商家通过消费者的搜索习惯，可以了解消费者的购物喜好，并以此为基础向消费者提供所需要的产品服务。随着互联网的快速发展，越来越多的数据被产生，因此，在大数据背景下积极使用互联网具有以下几方面的积极意义。

第一，通过大数据可以推动互联网的发展，可以扩大数据的收集范围、填充数据的收集空间、创造更多的通讯空间。在我国传统农业生产中，人们收集信息必须通过手动方式，因此信息的时效性并不长，很难产生有价值的信息。但是在互联网时代，将各种各样的信息集成到互联网中，可以很快捷地获得各种农业生产信息，通过使用这些海量信息可以制定农业生产政策、预测农产品走势，最终有助于促进农业发展。

第二，大数据可以提升互联网的智能化水平，更好地服务经济、社会。在互联网快速发展的今天，各种各样的技术被广泛应用于生产生活中，各种各样的技术之间也建立了非常广泛的联系，这些技术都是以互联网作为基础的。随着互联网的技术越来越成熟，互联网所产生的数据越来越庞大，通过使用大数据可以帮助人们通过互联网获得各种各样的反馈信息，以提升经济社会运行质量。例如，在传统的交通轨道运输中，人们只能够预测极少数车辆的抵达时间，但是在互联网的加持之下，人们可以准确预测每台车辆的行驶状况，不仅方便人们乘车，同时还优化了城市管理，有效减轻了城市的交通负担、方便了人们的生活。

5.2.2 典型案例

（1）科技大数据在人工智能方面的应用：将大数据融入人工智能机器人的操作层面，再经过对感知层面以及认知层面的专业设置，可以帮助老年人或者小朋友迅速地找到自己所要拨打的号码，同时用户还可以随时随地地听到自己想听的音乐。将大数据技术与人工智能机器人进行有机结合，人工智能机器人大脑可以做到自行地查找、存储与工作，对大量的信息进行有效汇集与存储之后，通过模块识别引擎对大量数据进行系统化处理与研究。科研人员在对人工智能机器人进行技术设定时，会在其中设置一些深度学习法和数据反馈系统，所以用户进行实际操作时会发现有许多与之相对应的训练科目与大量数据[7]。

（2）科技大数据在人力资源方面的应用：大数据时代的到来使企业的生产经营管理方式发生变化，大数据技术在企业人力资源管理中的应用主要体现在人和对象两个方面：一方面，借助大数据技术能够帮助企业管理层更好地推导和管理数据信息，从而提升企业管理决策的科学性和有效性；另一方面，在大数据技术的支持下，企业各部门还会明确自身的数据管理责任，并在内部打造数据安全机制，为企业管理配备专门的数据分析师、打造专门的数据分析团队，从而更好地管理人力资源数据信息[8]。在大数据技术支持下所打造的人力资源管理系统会使人力资源管理得到信息和数据的双重支持。企业人力资源管理的主要目的是发展培养高素质人才，最终促进企业的长远发展。借助大数据技术，企业能全面收集、掌握企业内部员工的工作履历、工作数据、能力数值，在统计分析这些数据的基础上打造出结构化、非对称的员工信息数据库。

（3）科技大数据在金融领域中的应用：征信行业的发展对金融业具有重要意义。利用大量的客户数据，可以从财富、消费、信用、社会交往等角度判断客户的消费、还款等经济能力，为客户建立起以大数据为基础的数据库。大数据技术实时分析从各个渠道收集来的数据，并将收集来的数据整理后转入个人征信评估系统；还可以根据客户个人信息、负债情况、还款表现以及个人收入情况对客户进行信用评估，授予客户信用额度及合适的利率和还款期限[9]。在客户贷款之后，征信机构会持续挖掘客户的信用风险信息并及时将更新后的信息提供给数据使用方。数据使用方便可通过数据分析结果预测客户未来的还款趋势，从而降低损失。

（4）科技大数据在农业中的应用：农业大数据已成为现代农业新型资源要素，也是重要的农业科技创新方向，不仅促进现代农业的生产、经营、管理和服务，而且还耦合催化三产融合。例如，根据牡丹的不同用途，对近些年牡丹的数据进行统计分析，结合天气情况、土壤状况、牡丹的病虫害记录及不同种类牡丹的市场需求等多方面因素改善牡丹基因，为农民培育更优良的牡丹品种，增加农户的经济收益。将大数据应用于牡丹的育种技术，可以更加有效地获取牡丹育种信息，从而快速培育出符合产业需求的品种。大数据在种植过程中的应用还体现在催花牡丹的种植上[10]。催花牡丹是运用高科技打破牡丹的自然生长规律，使牡丹反季节开放。牡丹开花是一个能量消耗过程，通过大数据统计分析不同时期催花牡丹对各种元素的营养需求，可以在生产过程中进行精准补充，从而提高催花的质量和经济效益。

（5）科技大数据在医疗健康中的应用：利用大规模组学和数据分析的联合技术，研究者可以使用传统药物试验数据进行数据模拟试验。结合电子病历系统、检测化验系统，以大数据驱动的药物研发手段尽可能地为药物研发的每一步提供更为便捷和全面的技术手段和宝贵资料。例如，在药物研发的疗效评价过程中，不同化合物存在偏离研究目的的可能。当大量数据被引入观察和分析过程时，通过数据挖掘等大数据手段，可以从海量且看似毫无规律的数据中提取到隐含在其中的有价值信息和知识。另外，基于测序技术、可穿戴设备以及云计算在内的科技产品，通过监测个体健康数据，研究者以及个体本人可以获取可供随时分析的数据集合。这些研究利用大数据技术为疾病分析提供了新的方法，同时为普通个体了解自身情况提供了新的机会。大数据分析在预测未来健康状况和为人们提供健康预警方面起着重要作用，比如在大样本队列研究的基础上，利用分子流行病学方法（如基因评分法等）建立包括遗传位点、分子标志物在内的疾病风险预测模型，使预测能力更强、适用范围更广[11]。

（6）科技大数据在智能知识服务中的应用：中国科学院文献情报中心利用自然语言处理与人工智能技术构建知识图谱、精准服务与智能情报三大知识引擎，支撑新一代知识服务平台研发；构建科技大数据中心，研发基于科技大数据的知识发现平台、智能随身科研助理、科技机构学术分析系统、科技大数据可视化全景观测平台以及科技大数据支撑与管理平台的开放学术生态环境。目前已经建成了“文情方略 - 科技大数据平台”，包括多类型科技成果数据、科技活动数据以及互联网自媒体科技资讯数据，知识关系体量达到40亿+，实现了“数据计算型”的知识发现与情报分析服务范式，同时面向科学家群体创新研发了“慧”系列智能知识服务产品[12]。

（7）科技大数据在绿色发展中的应用：随着大数据、互联网的迅速发展以及节能、绿色生活等新观念的形成，分享经济出现并得到快速发展。分享经济是以互联网为媒介、以大数据为依托的新型服务模式，个体将闲置的资源通过互联网技术在公共服务平台上提供给有需求的用户，以达到社会资源共享。分享经济，如货车帮、Airbnb、Uber、滴滴出行等促进对等交易的新的众包平台。众包是对城市空间中各种来源（如传感器、设备、车辆、建筑物和人类）产生的大而异构的数据进行采集、集成和分析的过程[13]，不仅是一种新的经济现象和经济形态，还是加速要素流动、实现供需高效匹配的新型资源配置方式，更是一种新的消费理念和发展观。公共服务平台依托大数据，通过对海量数据的分析和运用在供给与需求之间进行有效匹配，提高资源配置效率，减少资源消耗。这种众包平台在生产和生活端都会对绿色发展产生影响。近年来，诸如滴滴出行、首汽约车、小猪短租、蚂蚁金服等平台经济快速成长，在出行、住宿、金融等许多领域改变了人们的生活方式，在方便人们生活的同时助力绿色发展。以滴滴出行为例，出租车、专车、顺风车等可以通过滴滴平台快捷地拉载就近乘客，乘客也可以通过该平台便捷地搭乘就近的出租车、专车、顺风车等。通过这一平台，解决了许多滴滴司机的就业问题，较好地利用了闲置车辆，减少了出租车、专车等的空驶率，减少了自用车的出行率，也降低了乘客搭载不上车辆的概率。同时，平台通过高效的地理定位数据，根据过去行车的经验为出行车辆定制最佳行车路线，避免出行车辆走弯路、多跑路的现象[14]，这对于节能减排、控制污染有重大贡献，也为创造人民美好生活环境作出了贡献。

5.3 科技大数据在社会服务应用中的发展趋势与预测

随着数据要素可参与分配的政策红利效应释放，政府、企业、社会组织将纷纷参与数据要素市场建设，积极探索数据资产有效运营和价值转化的可行途径。电信、金融等数据治理模式较成熟的行业将加速数据运营和服务创新；交通、旅游、医疗、制造业等拥有丰富数据资源的行业将深入探索基于大数据的业务变革；政府、民生等领域将更加重视大数据平台建设，推动大数据应用成果融入决策、服务于民。数据要素市场机制建设将成为地方改革重点，为数据在各行业、各业态、各模式中的融通应用和价值释放铺平道路[15]。

目前，大数据有三大趋势：一是数据的资源化，越来越多的企业将数据视为一种战略资源，通过数据预测营销将是未来商业的必然选择；二是数据将与云计算深度结合，其实云计算和数据本来就是一体的，数据必须通过云计算发挥其聚集的价值，而云计算必须依靠足量的数据发挥其总体化计算的优势；三是随着大数据的深度广泛应用，新的科学理论必然生成，首当其冲的就是数据科学，数据将成为一门独立的应用学科。大数据的普及将创造一个全新的数据世界，这个世界在某种层面上将比日常生活的经验世界更加真实，甚至会改变未来人类的世界观[1]。

参考文献

[1] 杜小勇，卢卫，张峰. 大数据管理系统的历史、现状与未来[J]. 软件学报，2019，30(1)：130-144.

[2] 于蓝帆. 2020工业大数据企业排行榜[J]. 互联网周刊，2021(7)：44-45.

[3] 吴悦文，吴恒，任杰，等. 面向大数据分析作业的启发式云资源供给方法[J]. 软件学报，2020，31(6)：1860-1874.

[4] 袁喆，文继荣，魏哲巍，等. 大数据实时交互式分析[J]. 软件学报，2020，31(1)：162-182.

[5] 钱力，谢靖，常志军，等. 基于科技大数据的智能知识服务体系研究设计[J]. 数据分析与知识发现，2019，3(1)：4-14.

[6] Zhan Y, Li P, Wang K, et al. Big Data Analytics by CrowdLearning: Architecture and Mechanism Design [J]. IEEE Network, 2020 (99): 1–5.

[7] Habibzadeh H, Kaptan C, Soyata T, et al. Smart City System Design: A Comprehensive Study of the Application and Data Planes [J]. ACM Computing Surveys, 2019, 52 (2): 1–38.

[8] Zhang Y, Xu S, Zhang L, et al. Big data and human resource management research: An integrative review and new directions for future research [J]. Journal of Business Research, 2021 (133): 34–50.

[9] Sun W, Zhao Y, Sun L. Big Data Analytics for Venture Capital Application: Towards Innovation Performance Improvement [J]. International Journal of Information Management, 2020 (55): 557–565.

[10] 周国民. 我国农业大数据应用进展综述[J]. 农业大数据学报，2019，1 (1): 16–23.

[11] Kraft R, Birk F, Reichert M, et al. Efficient Processing of Geospatial mHealth Data Using a Scalable Crowdsensing Platform [J]. Sensors, 2020, 20 (12): 3456.

[12] 张冬荣，钱力. “科技大数据与智能知识服务平台建设”专题序[J]. 数据分析与知识发现，2019，3 (1): 3.

[13] Xu Z, Liu Y, Yen N, et al. Crowdsourcing based Description of Urban Emergency Events using Social Media Big Data [J]. IEEE Transactions on Cloud Computing, doi:10.1109/TCC.2016.2517638.

[14] Kong X, Xia F, Li J, et al. A Shared Bus Profiling Scheme for Smart Cities Based on Heterogeneous Mobile Crowdsourced Data [J]. IEEE Transactions on Industrial Informatics, 2020 (99): 1.

[15] 纪丽娜，陈凯，于彦伟，等. 基于城市交通大数据的车辆类别挖掘及应用分析[J]. 计算机应用，2019，39 (5): 1343–1350.

第6章

科技大数据在科研人员中的应用

6.1 与科研人员相关的科技大数据

随着大规模信息网络技术在科技领域的应用，逐步形成和积累了包括论文、专利、著作、标准、项目、报告、专家学者、科研团队、科技政策、科技资讯、百科学术、科技论坛等海量的科技大数据资源。这些海量的科技资源数据中蕴含着丰富且有价值的信息，充分利用和挖掘这些信息，可以为科研人员、企业人员、科研管理人员等提供更为精准的查询检索与智能分析服务，有助于科研人员及时了解不同学科领域的研究成果和发展趋势、企业技术需求和需求趋势等，有助于企业人员及时查询最新的行业技术发展趋势、知识产权、专家咨询以及相关科技政策等，加速推进技术创新，并为科研管理人员及时发现优秀科研团队、跟踪批准项目的成果产出以及进行学科交叉评估等提供决策服务。

科技大数据是在科学研究、技术开发等专业科技服务和综合科技服务过程中，由各类科技实体和科技活动要素之间产生的有相关关系的多源异构大规模数据，包括科技文献、专利软著、研究报告、技术标准、产业产品、科技咨询等科技成果资源大数据，专家学者、科研团队、科技政策、仪器设备等科技支撑资源大数据以及百度百科、维基百科、谷歌学术、百度学术、百度文库、科技论坛等互联网科技信息资源大数据。跨媒体科技大数据是指那些表达的内容语义相似，但以不同模态、不同来源、不同背景等形式出现的科技大数据，包括文本、图像、视频、音频等不同模态的数据形式。这些不同模态的数据通常呈现出底层特征异构、高层语义相关的特性。

6.2 科技大数据在科研人员中的应用

这些海量的科技大数据呈现跨领域、跨学科、跨媒体、跨时空等特性，为科技大数据的查询检索和智能分析提出了新的要求和挑战，传统的信息查询检索技术已经难以满足用户日益增长的智能化、精准化的科技资源获取需求。因此，需要提升科技大数据查询检索和智能分析的智能性和精准性，对跨媒体科技大数据进行深层次的语义分析和挖掘，充分理解用户的搜索意图，以实现更加智能化、精准化、个性化的智慧综合的科技大数据查询检索。

通过对科技资源数据进行智能分析与挖掘，建立科技领域知识图谱，构建科技大数据动态立体精准画像，可为实现更加智能化、精准化的科技大数据查询检索注入新的活力，可极大地促进科研和技术创新，提升科技创新效率和科研监管能力。通过对跨媒体科技大数据的语义挖掘和关联分析方法进行研究，提出高效的多模态科技大数据查询检索算法，构建科技领域资源的精准画像，并构建分别面向科研人员、企业创新和科研管理的查询检索系统，能够为科研人员、企业人员和科研管理部门等提供智能化、精准化、集成化和个性化的查询检索和智能分析等知识服务，促进科技创新发展。

6.2.1 科技资源的精准画像

科研人员可以利用精准画像技术快速了解科技资源的内容和特点。动态立体精准画像是一种勾画科技领域资源以及资源间关联关系的有效工具，采用人工智能知识图谱技术综合关联和利用科技大数据的多种属性，提取科技资源的相关实体概念、语义关系、属性特征等知识要素[1-3]，结合基于科技资源信息、领域知识信息及影响力信息的科技大数据多重量化评估方法，实现科技资源的立体精准画像，如建立科技理论成果、技术应用成果、知识产权、科技政策、科研团队等科技资源的动态立体精准画像[4]。通过科技领域知识推理演算，抽取科技领域知识的演化关系，分析隐含的科技领域实体语义关系，实现资源画像的自我更新。

科技大数据的精准画像大体分为科技成果画像、科技成果应用领域画像、科技成果需求画像。科技资源实体画像处理的是科技资源实体在整个学术领域的各种属性与实体间的相似关系，以及在实体相似关系中挖掘高维度信息特征。

画像是对科技资源主体的高度抽象和概括，可以使数据管理和分析变得更加便捷和直观，使用户可以更高效快捷地进行核心信息的获取，并对多领域的信息进行相似内容补充，提高系统获取有效信息的便捷性。

科技成果的精准画像主要包括科技成果关键实体概念识别和科技成果实体相似关联关系扩充。对于实体语义相似关联关系的提取有不同的两种方式，一种是基于实体概念识别的结果进行抽取关系，另一种是对实体概念识别与实体间的语义关系进行联合抽取。科技成果实体的语义关联关系抽取主要包含实体的概念识别与实体相似关联关系抽取。

科技成果应用领域画像需要构建以应用领域为主体的跨领域科技成果知识图谱，通过分析应用领域实体本身的属性以及应用领域实体和科技主题词实体之间的关联关系，获取科技主题词实体所关联的多个应用领域，通过进一步分析每个应用领域下的科技成果和关联的其他实体，实现科技成果应用领域的精准画像。

对不同来源的科技成果需求数据进行信息融合，对于结构化科技实体采用基于规则匹配的抽取方法，对于非结构化的科技实体抽取使用基于机器学习的方法。通过采用深度学习结合底层特征的方式，提取成果中的本文数据语义特征，进而形成更高层次的属性表征，以得到较为精确的科技实体主题、领域等标签，构建精准画像。

科技领域知识图谱是构建科技资源精准画像的关键。然而由于科技大数据往往呈现跨领域、跨学科、跨媒体等特性，因此还需要进一步构建面向跨领域、跨学科、跨媒体科技资源的精准画像。另外，考虑到科技资源数据的动态演化特性，还应运用深度语义[5]表示的知识推理演算机制发现潜在语义关联，完成画像的多重维度量化评估、画像的动态演化与自我更新，不断扩展和更新资源画像库，保证增量数据画像与资源当前状态的实时调整和一致性，从而构建科技资源的动态立体精准画像[6, 7]。

6.2.2 科研资源的检索查询

通过科技领域知识图谱构建科技大数据的精准画像，可以实现在知识层面对科技大数据进行深度语义关联和集成，从准确性和形态上为科技大数据查询检索赋能[8]，从而实现更加智能、精准、智慧、综合的科技大数据查询检索。通过知识图谱中科技实体的关联推理实现语义扩展，充分理解用户的搜索意图[9, 10]，从而获取更加丰富全面的检索结果，同时允许用户通过自然语言的方式进行知识的语义检索，并能通过知识卡片、知识推荐等结构的返回提升用户的交互体验[9]。科技知识画像可以从多视角精确地刻画科技知识，为科技知识建立动态立体的关联[8]，为用户查询检索提供多样性的结果。

海量的科技大数据通常呈现跨领域、跨学科、跨媒体、跨时空等特点，大多数科技大数据查询检索目前还停留在基于单一模态的检索[11]。因此，需要进一步加强针对具有跨领域、跨学科、跨媒体、跨时空特性的科技大数据的快速查询检索研究，通过科技大数据的深度语义挖掘和关联分析，学习具有模态不变性和一致性的跨媒体公共语义表示空间[12]，构建基于科技领域知识图谱的科技资源动态立体精准画像，从而为科技大数据的查询检索赋能，并基于兴趣排序、相关性排序、反馈机制和排序优化机制[13]，实现非精确多通道信息输入的跨媒体科技大数据智能精准快速检索排序和高效分区索引。

大数据时代产生的数据大部分都是非结构化或半结构化的数据，且数据形态上包含数值数据、网页、文本数据、媒体数据、时空数据等复杂多样的数据，这就要求具备有效应对非结构化 / 半结构化、形态多样的数据对象的存储管理方法和处理能力。因此，需要使用传统 SQL 数据库存储管理和 NoSql 数据存储管理技术与系统。

检索服务利用分布式架构下的 ElasticSearch 集群进行提供服务。Elastic 技术架构有扩展性，最简单的架构就是使用 Beats 进行数据收集，再使用 logstash 进行数据的转换和导入 Elasticsearch 中，最后使用 Kibana 进行数据操作以及数据可视化等。根据数据的热度不同，可将 ES 集群架构为一种冷温热架构，利用 ES 的多节点存储检索数据。

对于科技成果数据的跨学科高效精准搜索，可通过对查询词进行跨学科语义关联分析，进一步提升搜索的全面性和准确性；可基于相关度、下载量、被引量等信息综合排序，返回与主题词相关度最高的成果。

在对科技成果应用领域的查询检索中，应用领域主题词检索为跨领域科研人员提供研究问题的背景材料，让科研人员了解现有的理论 / 方法 / 技术可以应用到哪些领域（科研人员可能不知道或者想不到自己拥有的技术可以应用到哪些领域）以及该领域的研究成果和发展趋势，打通理论研究与应用之间的壁垒，主要解决理论研究与应用断链（基础研究成果顶天不立地）的问题。

对科技成果需求的高效查询检索可依托深度学习的语义特征提取技术，通过对科技资源主题、领域等标签的语义分析与挖掘，结合排序与预测算法，实现多领域跨媒体科技大数据的个性化检索查询系统，有效提升检索结果的准确率。

6.2.3 科技大数据的趋势分析与预测

有效地对科技成果进行趋势分析及预测，对于展示科技数据的潜在语义信息以及保障科研人员从中获得研究方向十分重要。对科技大数据的趋势分析，即从某一个领域的科技成果、科技成果需求的历史数据出发，首先利用时序的方式对科技成果需求进行展示可视化，然后再利用计算机图形学和图像处理技术将科技成果需求的数量等趋势转换成图形或图像在屏幕上显示出来。

科技大数据的趋势展示依赖其表达方式，在数据预处理和数据分析后对其趋势进行多重维度的可视化，可视化可以帮助用户更好地理解数据信息、挖掘数据价值。需求趋势可视化将数据分析技术与图形技术结合，清晰有效地将分析结果信息进行解读和传达。数据和数据可视化是相辅相成的，数据赋予可视化以依据，可视化增加数据的灵活性。

在统计出数据后，采用相应的可视化工具组件对趋势进行可视化展示，这里主要利用 ECharts 对数据进行展示。它提供直观生动、可交互可高度个性化定制的数据可视化图表，创新的拖拽重计算、数据视图、值域漫游等特性大大增强了用户体验，赋予了用户对数据进行挖掘、整合的能力。

关键词需求展示可采用折线图（区域图），对数据库中某一关键词按照时间进行统计，如果当前关键词下数据量较大，则可采用较细粒度的时间单位定义；如果数量较少，则采用粗粒度的时间单位，以保证数据的展示分布均匀，同时也可以让用户自行选择单位尺度，呈现不同的展示效果。可利用饼图对分类数量进行展示，一个关键词可能在不同的需求分类领域下都有需求分布，这样可以更好地展示出某一个关键词下需求在不同领域的分布数量；还可以从数据总量角度进行趋势分析可视化，即对数据库中的所有数据进行统计，根据需求分类聚合对所有科技成果需求主题按时间进行展示。

在科技成果需求趋势可视化部分，首先利用历史数据进行可视化，展示现有数据下科技成果需求的分布数量、随时间分布等；其次在这个基础上，可以利用趋势预测算法对历史数据进行预测，对数据走势进行预判估计，让科研人员可以清晰地分辨出不同行业下的科技需求分布以及未来发展情况。在时序相关的图表中（如折线图、河流图）加入预测后数据结果进行展示，可以挖掘现有数据中潜在的语义内容，为科研人员的研究方向提供参考。

6.2.4 科技资源的智能推荐

针对科研人员不了解所在领域的科技成果和科技成果的需求情况及发展趋势，无法从多领域科技资源中发现并判断所属领域的发展现状，研究面向学者的科技大数据智能推荐算法，给学者推荐他感兴趣的行业领域的科技成果和成果需求信息以及趋势分析结果，以推荐功能来连接学者和科技成果需求的桥梁，以此推动学者科技成果向企业科技成果需求转化。

通过基于主题模型的推荐方式，基于深度学习等技术挖掘文本特征，得到学者的研究兴趣、研究方向等特征以及科技成果需求的技术方向或具体应用方向，并以此为基础完成智能推荐。

针对推荐对象和被推荐内容，即学者和科技成果需求两种数据，提取学者特征、科技成果需求特征。学者特征分为基础已有的结构化数据包含的特征，以及通过系统用户交互行为积累的扩展特征。学者基础特征可从任职单位、个人简介、教育经历、工作经历、发表论文和专利等科研成果以及担任会议等学术组织职务信息中获取他的研究方向；学者扩展特征主要从用户在系统中的浏览内容、相关内容浏览点击量、浏览时长等行为信息中获取他的研究兴趣。此外，通过增加数据库中用户的个人信息，可以得到更为全面的学者基础特征；通过积累系统中用户交互行为信息，可以得到更精准的学者扩展特征，结合研究方向以及研究兴趣得到全面精准的学者特征。科研成果需求特征分为结构化的所属领域、时间、地点、需求详情等基本特征，以及通过文本主题挖掘获取的科研成果需求的重点隐含特征。特征提取完成后，主要针对特征输入的深度匹配模型进行相似度计算，得到最终的打分情况，完成对科研成果需求的初步推荐。除此之外，通过对科技成果和科技成果需求数据的发展趋势分析，进行图表可视化并推荐给用户作为补充，完成内容和分析结果的结合推荐，实现智能推荐。

参考文献

[1] Shi B，Weninger T.ProjE：embedding projection for knowledge graph completion [C] //Proceedings of the 31st AAAI Conference on Artificial Intelligence，Menlo Park，CA，2017.

[2] Scarselli F，Gori M，Tsoi A C，et al. The graph neural network model [J]. IEEE Transactions on Neural Networks，2009，20 (1)：61.

[3] 肖艳秋，杜江恒，闻萌莎，等. 基于颜色特征和改进支持向量机算法的交通标志检测与识别 [J]. 轻工学报，2018，33 (3)：57-65.

[4] Wang Z，Chen T，Ren J，et al. Deep reasoning with knowledge graph for social relationship understanding [J]. arXiv preprint arXiv：1807.00504，2018.

[5] 官赛萍，靳小龙，贾岩涛，等. 面向知识图谱的知识推理研究进展 [J]. 软件学报，2018，29 (10)：74-102.

[6] 王奋昊. 大规模知识图谱技术 [J]. 中国计算机学会通讯，2014，3 (10)：64-68.

[7] 刘峤，李杨，段宏，等. 知识图谱构建技术综述 [J]. 计算机研究与发展，2016，53 (3)：582-600.

[8] Lukovnikov D，Fischer A，Lehmann J，et al. Neural networkbased question answering over knowledge graphs on word and character level [C] //International World Wide Web Conference Committee (IW3C2)，Perth，Australia，2017.

[9] Graves A，Wayne G，Reynolds M，et al. Hybrid computing using a neural network with dynamic external memory [J] .Nature，2016，538 (7626)：471-476.

[10] 姚迪，张超，黄建辉，等. 时空数据语义理解：技术与应用 [J]. 软件学报，2018，29 (7)：2018-2045.

[11] Du Y，Wang X，Cui Y，et al. Kernel-based Mixture Mapping For Image and Text Association [J] . IEEE Transactions on Multimedia，2020，22 (2)：365-379.

[12] 陈晨，朱晴晴，严睿，等. 基于深度学习的开放领域对话系统研究综述 [J]. 计算机学报，2019，42 (7)：1439-1466.

[13] 查正军，郑晓菊. 多媒体信息检索中的查询与反馈技术 [J]. 计算机研究与发展，2017，54 (6)：1267-1280.

第7章 科技大数据在企业中的应用

随着国内科研技术水平的不断发展，期刊论文、基金项目、专利著作等科技资源的数量急剧增长，形成了科技大数据。在信息爆炸时代，技术代表着企业的硬实力。因此，如何运用科技大数据实现企业的技术创新成为一个至关重要的问题。然而，目前的科技大数据呈现数据规模大、多模态、更新快速、时效性高和价值密度较低等趋势，对有效利用科技资源带来严峻挑战[1]。近年来，深度学习算法[2]、对抗生成学习算法[3]和微服务技术[4]等技术迅猛发展，如AMiner等科技大数据知识发现平台的构建，为企业检索、查询、分析科技大数据提供了便利。

接下来，以知识产权和科技政策两类科技资源为代表，介绍如何运用数据挖掘、文本分析、机器学习等技术将科技大数据转化为知识，服务企业创新。

7.1 基于科技大数据的知识产权服务

知识产权服务主要解决的问题是：企业在开展技术创新过程中如何查找行业内不同语种的最新专利、标准等科技资源，分析科技资源的关联关系，解决企业创新对高新技术监控困难的问题。围绕解决这些问题，运用先进的计算机技术，通过构建面向知识产权的科技资源画像，建立知识产权检索查询系统，帮助企业快速地从与知识产权相关的海量科技资源中定位感兴趣的资源。

7.1.1 面向知识产权的命名实体识别算法

适用于科技大数据的实体识别算法通过结合分词词性、双向长短时循环网络（BLSTM）[5] 和注意力机制[6]，将科技文本数据利用 jieba 分词得到文本分词，然后利用 Word2Vec[7] 得到的分词向量和字符向量表示作为模型初始输入，输出为从科技文本中识别出的实体向量。通过结合分词词性向量并引入注意力机制，建立一种结合分词词性的注意力机制的命名实体识别算法，提高了面向知识产权的科技大数据的实体识别准确率。算法整体如图 7-1 所示。

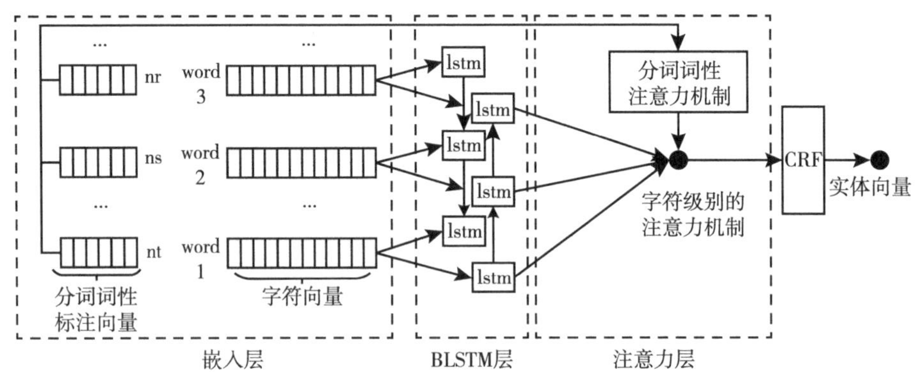

图 7-1 结合分词词性的注意力机制的命名实体识别算法总体框架

7.1.2 面向知识产权科技资源的实体关系识别算法

为构建科技大数据的实体关系知识图谱[8]，还需要对科技文本数据进行实体关系抽取。科技文本数据实体关系抽取任务的主要难点在于不同的科技文本实体间可能有相同的关联关系，相同的科技文本实体在不同的科技文本句子中可能有不同的关系。为此，提出适用于科技文本数据的基于多注意力机制的实体关系识别算法，集中注意力在有价值的信息上，识别出科技文本句子中对关系抽取任务有关键用处的词语并进行加强，对无关的干扰词语进行削弱，可以提高关系抽取的准确率。此算法在 BLSTM 思想的基础上，同时利用自注意力机制与科技文本的句子注意力机制这两种注意力机制进行实体关系的分类，总体结构如图 7-2 所示。

7.1.3 基于微服务的知识服务构件的开放协同机制研究

为了构建灵活高效的知识产权检索查询系统，介绍基于微服务的知识服务构件的开放协同机制来定义开发具体的知识服务构件。基于微服务架构[9] 的知

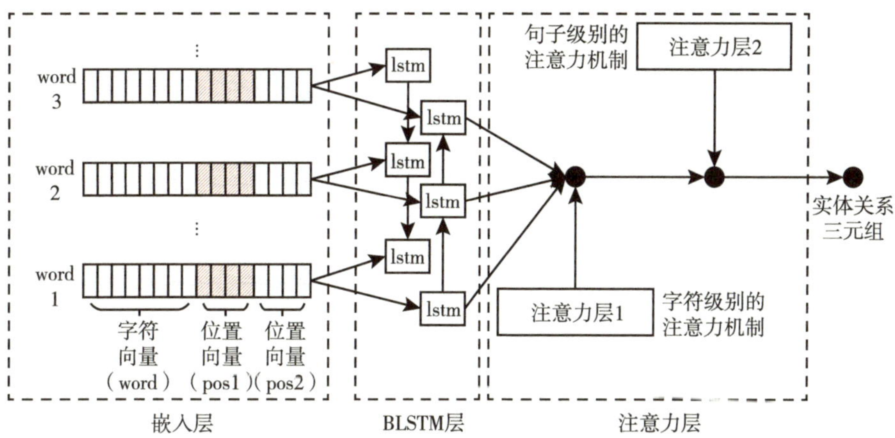

图 7-2　基于多注意力机制的实体关系识别算法的总体框架

识服务构件开发可使知识服务构件具有良好的可扩展性、开放性，实现知识服务构件的分布式运行。微服务架构相比 SOA 架构，具有业务响应快、代码复用率高、可靠性高、开发成本低等优势。

通过使用 Spring Cloud 微服务技术完成对知识服务构件的开发，使用 Docker 容器[10]化技术完成对知识服务构件的部署运行并提供开放接口，同时使用相应的容器编排工具完成对知识服务构件的调度和管理，使知识服务构件具有良好的可扩展性、开放性，实现知识服务构件的分布式运行和协同开放。基于微服务的知识服务构件的开放协同机制使得每个服务都可以独立部署、独立扩展，降低了知识服务构件开发的复杂性，提升了知识服务构件开发的效率。

7.1.4　跨媒体科技大数据的知识服务检索技术

针对检索知识服务构件，介绍一种基于对抗生成学习和语义相似度的跨媒体科技大数据检索方法。该方法对科技文本以及科技图像进行检索，并根据语义相似度进行排序。具体检索算法实现流程主要包括文本特征输入网络、图像特征输入网络、模态判别网络以及特征映射网络：输入一个（科技文本－科技图像－语义）三元组，首先对跨媒体科技文本和跨媒体科技图像进行特征提取，然后分别进入文本特征映射网络和图像特征映射网络，将得到的语义向量作为语义分布网络的输入；特征映射网络将同语义数据映射后的模态偏差和同模态数据映射前后的语义偏差最小化，使生成模型达到最优；模态判别网络将映射后数据原始模态判定的误差最小化，使判别模型达到最优；生成模型和判别模型通过对抗学习进行训练，最后都达到较好效果。算法总体框架如图 7-3 所示。

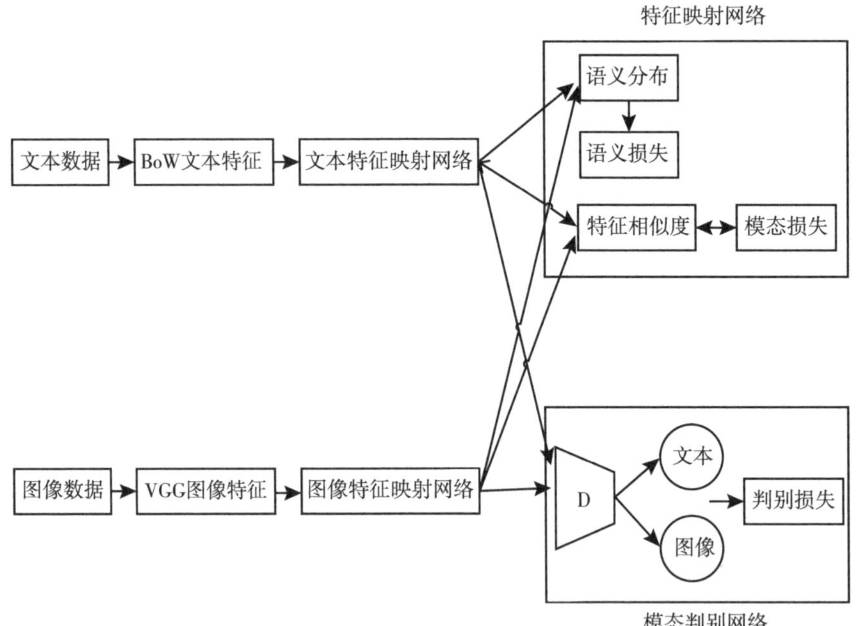

图 7-3 跨媒体科技大数据的检索知识服务算法总体框架

7.2 面向科技政策资源的知识图谱

7.2.1 跨媒体科技政策资源的收集与处理

科技政策资源包含大量相关数据，同时存在大量噪声，有效信息很少。因此，如何在繁多的数据中过滤掉科技大数据中广泛存在的噪声信息，获得科技大数据对象自身相关的属性数据，并做好数据预处理、分类别存储，是科技大数据不可回避的问题。

7.2.1.1 跨媒体科技大数据数据获取

首先确定跨媒体科技大数据之政策数据的主题关键字，然后从政府信息公开官网搜索端口进行科技大数据之政策数据的收集，在收集原始文本信息的同时，收集相应的发布地区、政策链接、政策标题、政策关键词等数据。主要使用 scapy 分布式爬虫框架来完成数据爬取，爬虫的主要步骤有：首先通过浏览网站内容来选取构建待爬取的网站链接列表；然后依次遍历每个列表的网站，对于结构化的数据网站，直接按照标签进行爬取，对于非结构化的数据网站，基于关键词检索来选择爬取内容；最后将爬取的格式化数据直接按照原格式进行数据存储，将爬取的非结构化数据单独区分开来，以开展后续的数据处理操作。

7.2.1.2 跨媒体科技大数据处理

对于科技数据文本数据，首先对原始的文本数据进行语料清洗，对文本内容统一格式、去噪等。基于正则表达式匹配规则，提取文本中符合特性的文本数据。在爬取到非结构化数据原始数据后，需要对爬取到的非结构化数据原始数据进行分词及词性分析等处理。在分词后，依据词性来选取有价值的知识，舍弃无用的修饰词汇。在基于分词和去停用词处理完原始数据后，每个分词后的词组会被 World2Vec 模型转换成模型向量，从而将科技大数据文本数据映射成其相应的矩阵向量。

同时基于科技数据内容构建相应的主题词，也为后续的噪声处理提供基础。对于已经爬取到的非结构化科技资源数据进行关键词挖掘并构建每条科技数据的关键词信息，如基于 LDA 主题模型[11]构建，将每个分类下的关键词提取出来作为该类别的科技资源关键词。关键词也可以转换成相应的 $\boldsymbol{k}$ 维向量表示，然后利用科技数据的词组向量和关键词向量进行相似度计算，并求其相似度的平均值作为该科技数据和关键字的相似度值，本文采用余弦相似度[12]进行相似度计算。

计算出每条科技数据和关键词的相似度后，将该值与设定好的阈值相比较，如果该值大于阈值，可以判定该科技数据与关键词相关，则该科技数据需要保留；反之，可以认为该条科技数据和关键词无关，继而舍弃该条科技数据。由此，对爬取到的科技资源数据完成噪声处理。针对科技资源数据噪音的处理流程如图 7-4 所示。

去除科技资源文本数据噪声后，本文基于 BERT[13]和双向长短时记忆网络建立了文本数据的特征提取模型：爬取到的原始文本数据经过数据预处理后，会首先被输入 BERT 预训练语言模型中，将文本数据转换为网络可识别的词特征向量；然后把转化后的词向量输入一个双向长短时记忆网络，文本数据的上下文特征数据会被提取出来，从而将原始的文本数据转换为词向量数据，为后续实验开展打下数据基础。通过结合 BERT 预训练语言模型和双向长短时记忆网络，从大量的文本数据中学习挖掘到语义知识，并实现对稀疏文本特征的压缩，从而完成对跨媒体科技大数据之文本数据的特征提取工作。

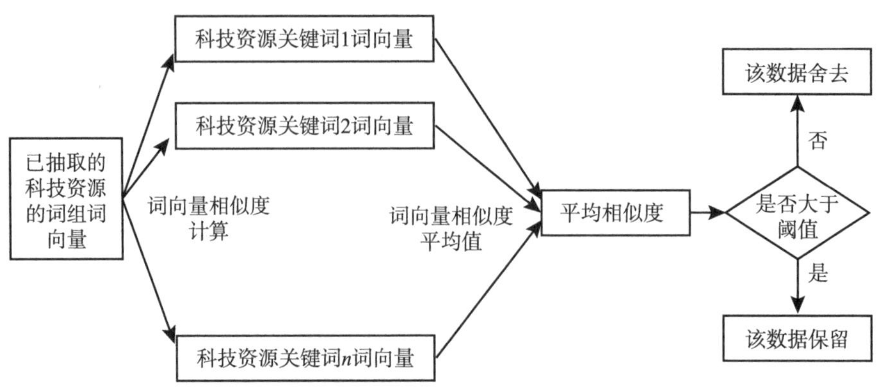

图 7–4　跨媒体科技大数据噪声处理流程图

7.2.2　跨媒体科技大数据图像数据的预处理

对于采集到的科技大数据图像数据，由于爬取到的图像数据质量无法直接进行分类任务，因此需要对图像数据进行大量的预处理。首先对爬取到的数据进行标注，由于爬取到的图像中存在大量与科技资源无关的图像，所以需要先删除这些噪声图像；然后对保留的图像数据进一步做格式转换等数据预处理工作，使处理后的图像数据可以输入神经网络等模型完成分类任务。图像数据的预处理操作主要是对获取到的图像做一些数据增强的操作，如图像的切割、图像的翻转等操作，以便使图像的大小都统一为 224×224。对于尺寸比这个大的图像，可以基于采样法来完成图像的大小转换，获取到该尺寸大小的图像；对于尺寸比这个小的图像，可以使用双线性插值来进行放大得到该尺寸图像。双线性插值的具体操作是：把放大后的新的像素点记为 $P(x, y)$，基于其周围四个构成矩形的点来决定其灰度值。即在建立的二维坐标系中，设这四个点分别为 $P_{11}(x_1, y_1)$、$P_{12}(x_1, y_2)$、$P_{21}(x_2, y_1)$、$P_{22}(x_2, y_2)$，首先在 x 轴进行线性插值，得到 $R_1(x, y_1)$ 和 $R_2(x, y_2)$；然后再基于 y 轴进行线性插值；最后得到 P 点的灰度值计算结果。

将图像经过裁剪和伸缩达到 224×224 后，接着基于深度卷积神经网络 VGG19 网络[14]对图像特征进行学习，最终得到 4096 维的特征向量。

对于跨媒体科技大数据之图像数据的特征提取，采用最常见的图像特征提取网络 CNN[15]。在获取到上述预处理后的图像数据后，在 CNN 的卷积层和池化层之后、全链接层之前接入一层金字塔池化层。通过金字塔池化层，可以将任何维度的向量映射为固定维度的特征向量。也正因此，卷积神经网络可以从原始数据中自动学习特征，解决了科技资源图像数据面临的种类繁多等问题。基于卷积神经网络的科技资源图像特征提取的学习框架如图 7-5 所示。

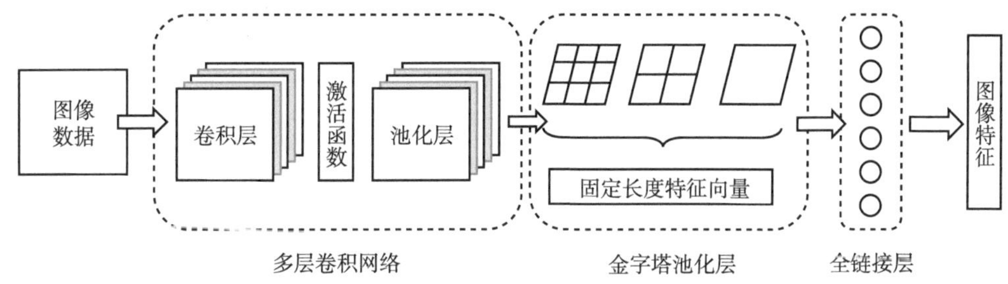

图 7-5 基于卷积神经网络的科技资源图像特征学习框架

7.2.3 跨媒体科技大数据的知识图谱构建

跨媒体科技大数据之政策发布平台作为重要的信息发布和信息获取工具，每时每刻都在产生大量数据，这些数据规模庞大且形式多种多样，不仅包含科技文本数据，还包含了大量的图像、视频等多媒体数据。人们很难从海量的跨媒体科技大数据中迅速、准确地掌握相关政策的脉络，因此，如何清晰地展示跨媒体科技大数据之政策数据的关键信息及相互关系尤为重要。基于获取到的跨媒体科技大数据的文本和图像数据，进行语义提取映射到统一的语义空间。本文利用知识图谱思想识别科技大数据之政策数据中的重要政策实体，并抽取实体中的关键语义关系，从而从复杂且冗长的政策文本中快速捕捉到关键类别信息，便于用户从海量的政策文本中快速捕捉到自己所需的政策文本。

7.2.3.1 基于 BERT-BLSTM-CRF 的实体识别算法

实体识别技术作为构建知识图谱的第一步，在数据预处理完成之后，首先对每一类跨媒体科技大数据之政策数据进行实体识别和关系抽取。这两步是完成跨媒体科技大数据知识图谱构建的关键步骤，同时也是本文所提出的关键算法。对于实体识别，传统的实体识别方法学习长距离依赖的能力较弱，针对这一问题，采用了当下主流的深度学习序列标注模型 BLSTM-CRF 模型。

7.2.3.2 基于 BGRU-BATTENTION 的实体关系抽取算法

在实体抽取后，需要进行实体关系的抽取。传统的实体关系识别方法多以单个句子作为处理单元，难以解决训练语料中实体关系标签标注错误的问题，且没有充分利用包含实体信息的多个句子在分类实体关系时的相互增强作用。在双向长短时记忆网络基础上引入双向门控循环单元（GRU）[16]，提出一种基于 BGRU-BATTENTION 的实体关系抽取算法，该算法结构如图 7-6 所示。

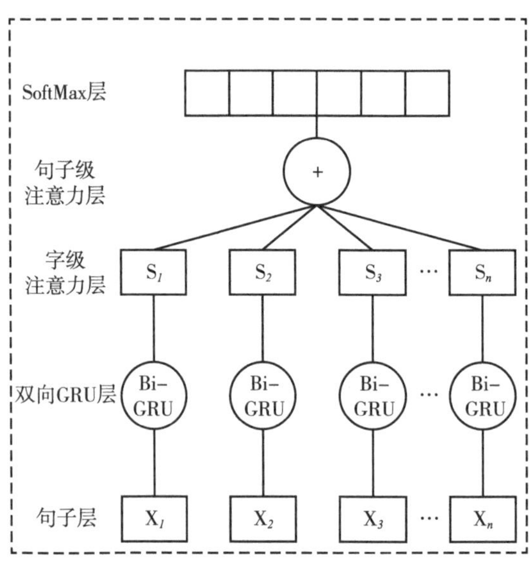

图 7-6　BGRU-BATTENTION 模型设计图

7.2.3.3　跨媒体科技大数据的知识图谱构建

基于 BERT-BLSTM-CRF 的实体识别算法以及基于 BGRU-BATTENTION 的实体关系抽取算法，为科技大数据的知识图谱构建提供了最为重要的两个技术支持。利用已经获取的科技实体以及实体间关系，可通过 Neo4j 图形数据库来完成数据的存储。Neo4j 是一种 NoSQL 图形数据库，它将结构化数据以图模型的形式存储在网络上，其中，实体和实体的关系是以三元组 <实体，关系，实体> 的形式存储在 Neo4j 图形数据库中。接下来，即可借助 Neo4j 图形数据库进行知识图谱的构建工作。

参考文献

[1] 辛永，黄文思，罗义旺，等. 基于图数据库的企业数据中台数据资源检索技术研究[J]. 电力信息与通信技术，2019，17（7）：6-10.

[2] Li Hang, Lu Zhengdong. Deep Learning for Information Retrieval [C]. In Proceedings of the 39th International ACM SIGIR conference on Research and Development in Information Retrieval (SIGIR '16), 2016.

[3] N-T Tran, V-H Tran, N-B Nguyen, et al. On Data Augmentation for GAN Training [J]. IEEE Transactions on Image Processing, 2021 (30): 1882-1897.

[4] F Rademacher, S Sachweh, A Zündorf. Aspect-Oriented Modeling of Technology Heterogeneity in Microservice Architecture [C]. IEEE International Conference on Software Architecture (ICSA), 2019.

[5] Huang Z, Xu W, Yu K. Bidirectional LSTM-CRF models for sequence tagging [J]. arXiv preprint arXiv: 1508.01991, 2015.

[6] Vaswani A, Shazeer N, Parmar N, et al. Attention is all you need [J]. arXiv preprint arXiv: 1706.03762, 2017.

[7] Grohe M. word2vec, node2vec, graph2vec, x2vec: Towards a theory of vector embeddings of structured data [C]. Proceedings of the 39th ACM SIGMOD-SIGACT-SIGAI Symposium on Principles of Database Systems, 2020.

[8] Liu W, Zhou P, Zhao Z, et al. K-bert: Enabling language representation with knowledge graph [J]. Proceedings of the AAAI Conference on Artificial Intelligence, 2020, 34 (3): 2901-2908.

[9] 王义. 微服务架构特点、技术趋势及在行业应用中关键问题研究 [J]. 软件, 2020.

[10] Shah J, Dubaria D. Building modern clouds: using docker, kubernetes & Google cloud platform [C]. IEEE 9th Annual Computing and Communication Workshop and Conference (CCWC), 2019.

[11] Li Y, Liu B, Yu Y, et al. 3E-LDA: Three Enhancements to Linear Discriminant Analysis [J]. ACM Transactions on Knowledge Discovery from Data (TKDD), 2021, 15 (4): 1-20.

[12] Gunawan D, Sembiring C A, Budiman M A. The implementation of cosine similarity to calculate text relevance between two documents [J]. Journal of Physics: Conference Series, 2018, 978 (1): 21-20.

[13] Devlin J, Chang M W, Lee K, et al. Bert: Pre-training of deep bidirectional transformers for language understanding [J]. arXiv preprint arXiv: 1810.04805, 2018.

[14] Tammina S. Transfer learning using VGG-16 with deep convolutional neural network for classifying images [J]. International Journal of Scientific and Research Publications, 2019, 9 (10): 143-150.

[15] Wang Y, Sun Y, Liu Z, et al. Dynamic graph cnn for learning on point clouds [J]. Acm Transactions On Graphics, 2019, 38 (5): 1-12.

[16] Zhu Y, Gong Y, Liu Q, et al. Query-based interactive recommendation by meta-path and adapted attention-GRU [C]. Proceedings of the 28th ACM International Conference on Information and Knowledge Management (CIKM), 2019.

第8章 科技大数据在科研管理中的应用

随着科研任务的复杂性和专业化程度的提高，科研领域中的任务越来越倾向于由团队合作完成。科研团队能够实现团队间的信息资源共享，提高科研生产率和促进科研创新。为了对重大项目进行立项，科研管理部门需要掌握科研人员合作情况、科研项目的发展趋势、学科交叉成果的现状、科研团队的整体概貌等内容。随着科学的发展和技术的不断进步，科技大数据呈现海量增长的趋势，如何发现科研合作关系，如何刻画科研团队，使科研管理部门可以根据关键词查找到优秀的科研团队；如何对科研项目进行智能分析，如何检索交叉学科的研究成果，是急需解决的问题。因此，本章主要从科研合作关系发现与团队识别、科研团队画像与查询检索、科研项目追踪与趋势分析、学科交叉成果检索与智能分析四个方面进行研究。

8.1 科研合作关系发现与团队识别

科研合作是科研网络中非常重要的组成部分，在科技大数据时代，科研合作被视为提高科研效率的重要手段。科研合作的一种非常重要的表现形式是科研团队的形成，它是科学共同体的重要构成。科研团队不仅是科学研究的中坚力量，能够体现一个学科领域人力投入的集聚程度，而且引领着科学研究发展的态势与前沿[1]。因此，科研发展特点与规律的研究中需要关注科研团队，科技政策制定与调整中更需要密切关注科研团队及其研究工作。此外，在科技评价中，尤其是基金支持、高校人才引进等方面，也往往需要结合科研团队进行考核与评价[2]。

科研合作关系在多方面得以体现，如学者间共同发文、共同参会讨论等。

有些科研合作关系发生在一个科研团体的内部，而更多的合作关系发生在跨机构的不同团体之间。在当下的网络资源上，很难高效地发现有合作关系的科研人员是否属于一个团队或者属于哪些团队。

传统的科研合作关系发现和科研团队识别方法主要通过专家访谈、问卷调查等，不具备信息化和自动化的特点。随着机器学习等领域的不断发展，越来越多的学者通过科研合作网络分析方法研究如何高效精准地发现科研团队。本节旨在解决以下主要问题：如何在多领域的跨学科科技大数据中准确获取科研人员的影响力和科研合作关系；如何基于科研合作网络高效地识别、发现科研团队。

8.1.1 科研合作关系发现

科研合作关系是复杂多变的，学者和学者间的合作关系构成了一张巨大的合作关系网络，如何从网络中发现专家学者以及如何针对学者用户进行个性化的专家学者发现都是十分重要的问题。

传统的科研合作关系往往考虑的维度比较单一，如仅仅考虑学者之间的论文合作关系等，这种方法无法全面考虑科技工作者之间的合作关系和合作方式的多样性，因此往往不能准确发现比较重要的合作关系。此外，传统方法往往发现的都是比较明显的合作关系，而一些学者之间潜在的合作关系，使用传统的基于定量或定性的方法都不能被很好识别，因此，传统方式存在诸多问题，制约了科研合作关系的发现，限制了科研团队知识图谱的构建。

科研合作关系的发现需要充分考量不止一方面的因素，在数据来源上，传统做法往往选用单一的论文发表数据作为合作关系计算的唯一依据。而科研工作者之间的合作可能来自多个方面，如共同参与某个项目、共同出席某个会议、共同制定某项标准等，这些纷繁复杂的合作关系在目前现有算法中往往都被选择性地忽视了。由于传统算法在数据来源上的单一性，导致得到的科研合作关系往往具有方差性大的特点，从某些角度看，这种算法是不公平的，它会偏向于发文数量多的学者，而一些发文数量少但合作紧密的学者之间的合作关系就被掩盖了。

8.1.2 科研团队识别与挖掘

利用大型科研文献数据库建立科学合作网络，通过社会网络分析方法识别科研团队，是一种重要的科研团队识别方法。社会网络分析法是由社会学家根据数学方法、图论等发展起来的定量分析方法，主要用于测量社会实体间的关系，包括密度、中心度、凝聚子群等指标。该方法将人的认知能力和计算机的计算能力结合起来，可增强科研团队识别结果的可信度和准确性[3]。

在科研团队识别中，团队负责人是科研团队的核心和灵魂。高水平的团队负责人对于建设一支有创造力的科研队伍、稳定科学研究的方向、取得原创性科技成果等具有极其重要的作用。因此，科研团队负责人的识别是科研团队识别的至关重要的一步。中心度指标的选取是科研团队负责人识别的关键，作为中心度之一的中间中心度（又称中介中心性），主要用于衡量一个人是否占据在其他两个人联络的中介位置，用于表征一个人对资源的控制程度和“控制”他人的能力，中间中心性越高，表明有越多的行动者需要通过他才能发生联系，所以这些结点代表的作者可以被认为是相关学科研究领域的团队负责人。

现有的科研团队识别方法通常使用作者合著、文献引用等信息构建整体科研合作网络[4]，选择中间中心度作为识别团队负责人的指标，通过中间中心度指标排名挖掘出科研网络中的团队负责人和合作紧密的团队成员，并将识别结果进行可视化，在数据分析的基础上加入人的认知判断能力，增强团队识别结果的可信度，目前已被广泛应用于科研团队负责人研究并取得了较好效果。

然而，上述方法可能因为同一个团队存在两个或多个中间中心度排名靠前的研究人员，使同一团队中识别出两个或多个团队负责人，导致一个团队被错误地识别为多个团队，影响科研团队的识别效果。因此，根据启发式规则和科研合作网络结构特点，可基于迭代的中间中心度排名方法识别科研团队负责人，然后通过 2- 派系和滚雪球方法识别科研团队成员，从而实现科研团队的识别与挖掘。

8.2 科研团队画像与查询检索

近年来，随着信息化的不断发展和普及，各种各样的数据和信息充斥着生活的方方面面，大数据技术也随之变得愈发火热。不同于互联网上爆发式增长的新闻、社交等信息，科技大数据有其独特的一面。科技数据主要以论文、专利、基金等具有学术风格的资源为主体构成，其数量庞大，但数据的冗余信息少，不能随意丢弃数据中的部分内容，而且普遍存在同一科技词汇在不同领域意义不同的特点。对于科研团队来说，他们是由一个个科技实体组成的有机整体，相较于普通的科技资源查询排序具有更多的困难。因此，对于不同来源的多领域科研团队，如何为其建立一个动态精准画像以及对科研团队进行高效检索查询是亟待解决的问题。

随着大数据语义分析与挖掘技术的普及和发展，为了从多维度对科研团队的影响力和发展趋势进行分析衡量，需要对科研团队建立精准画像。如通过分析不同科研人员的合作关系，可以构建出科研团队内部的合作网络，进行预测和可视化；通过对科研人员研究经历的深度挖掘，可以对科研团队的整体情况自动生成描述性的摘要信息；通过对科研团队的科研成果进行分析，可以建立科研团队发展趋势预测模型。利用各种各样的机器学习技术构建科研团队的立体精准画像，全面分析团队内外的潜在信息和关联，是构建科技大数据服务的必经之路。

越来越多的人对科研团队的检索不再满足于传统的关键词匹配方式，从日益膨胀的科技资源所组成的科研团队中精确检索到自己感兴趣的高相关性科研团队成为一种迫切要求。进一步地，用户的检索也越来越具有新的特点：不仅要匹配检索关键词，而且检索结果的出现要更加智能，即符合用户的兴趣期望。这种新的特点给科研团队高效检索查询排序带来了极大的挑战。为了解决传统科研团队检索在异构性、高效性等方面存在的不足，实现多领域科研团队的个性化、高性能检索排序，可设计基于 ElasticSearch 的异构检索。

8.2.1 科研团队动态立体画像

随着科研任务的复杂性和专业化程度的提高，科研领域中的任务越来越倾向于由团队合作完成。科研团队能够实现团队间的信息资源共享，提高科研生产率和促进科研创新。为了对重大项目进行立项，科研管理部门需要寻找优秀的科研团队。如何刻画科研团队，使科研管理部门可以根据关键词查找到优秀的科研团队是急需解决的问题[5]。目前，科研管理部门主要通过科研团队提交的申报表作为科研团队强弱的评价依据，申报表的内容多是文字形态，无法迅速、客观地了解科研团队的团队结构、研究主题等信息。对科研团队的信息进行有效收集与分析，将有助于掌握科研团队现状、全面认识团队，进而改善对科研团队的管理以及更好地引导科研团队发展。因此，提出科研团队动态立体画像的概念，获取科研团队的相关信息，分析科研团队的属性，准确获取科研团队的研究主题[6, 7]，构建科研团队动态立体画像，以便全面、准确地刻画科研团队，可为科研管理部门的科技决策提供支持，为其他相关部门提供参考。

8.2.2 科研团队精准查询检索

检索服务是科技大数据服务中的核心服务，是直接面向用户的最前端接口，而科研团队的检索则是对识别出的科研团队的最直观呈现。由于学术数据日益膨胀，各个科研团队内部的研究内容逐渐呈现聚集性特点，如某些领域内某个科研团队的工作尤其出色。因此，很多学者想要追踪研究热点时，不再像以往一样去关注某一篇论文，而是想要追踪某些领域内的团队性工作，以获得更专业的见解。科研团队的检索也就变得至关重要。

对于科研团队的检索来说，数据的定义和架构的设计是尤其需要关注的。目前常用的学术检索和搜索引擎，其起步之初都是以集中式的组织架构和检索技术来实现资源检索。第一代学术资源搜索引擎便是以集中式检索为主要特征，这种集中式的检索方式资源覆盖面较窄，资源更新和维护比较困难，检索速度比较缓慢；而且集中式的检索方式在应对专业度和性能都要求较高的科技资源检索时，无法达到预期要求。此外，集中式的检索方式还存在中心节点失效的致命缺点。尤其是科研团队的检索需要的条件比较复杂，接口返回的数据量比较大，如果采用集中式架构，科研团队检索的效率会极其低下，大幅降低可用性。

8.3 科研项目追踪与趋势分析

科技大数据信息反映一个国家的科技部署、科研实力以及研究重点的变化、科技创新的轨迹。随着科研工作者的不懈努力，全球的科技大数据数量日益增加。以科研项目、科研项目主持学者以及科研项目产出成果为代表的科技大数据已不同于传统意义上的互联网大数据，而是具有学术性质的资源实体。因此，如何快速发现科技项目以及挖掘科技项目中包含的信息，一直是解决科研工作者信息获取问题的关键所在。

8.3.1 科研项目检索查询与追踪

与传统搜索模式的关键词匹配方式不同，科技项目的搜索面向科研工作者与科技主管人员，有着高效且精准的搜索需求，并且需要进一步挖掘搜索结果中的科技项目关联关系。与此同时，科技项目还具有指标繁多、类别细分、难以完整覆盖及精确提炼等特点，传统的关键词匹配搜索模式并不能有效地解决这些问题。在现有的科技项目基础上进行特征语义学习[8]，从而发现科技项目中潜在的语义关联，并建立不同来源的科技项目的公共语义表示空间，基于兴趣排序、相关性排序、反馈机制和排序优化机制[9]，实现非精确多通道信息输入的科技项目检索排序和高效分区索引，进而基于深度关联模型，通过对搜索的海量科技项目进行深度挖掘分析，实现专业化、个性化和有序的关联关系提取与展示。

科技主管人员在考虑项目负责人时，需要考虑多重因素，比如项目负责人的科研成果转化能力、完成项目的数量与质量等。对此，需要实现科研项目的追踪，为科技主管人员展示项目以及项目负责人相关联的信息。

8.3.2 科研项目成果趋势分析

为促进我国自主知识产权总量的增加，加速科技成果转化，保障国家、单位和个人的合法权益，对以财政资金资助为主的国家科研计划项目（包括科研专项项目，以下简称科研项目）所产生的研究成果进行趋势分析，对于加强技术创新、发展高科技、实现产业化有着至关重要的作用。

科研项目所产生的科研成果并不单一，其形式具体包含但不限于以下：论文和专著、自主研发的新产品原型、自主开发的新技术、发明专利、实用新型专利、外观设计专利、带有技术参数的图纸、基础软件、应用软件等。科研项目成果根据其性质可分为三大类型：①基础理论成果，是指在基础研究和应用研究领域取得的新发现、新学说，其成果的主要形式为科学论文、科学著作、原理性模型或发明专利等；②应用技术成果，是指在科学研究、技术开发和应用中取得的新技术、新工艺、新产品、新材料、新设备以及农业 / 生物新品种、矿产新品种和计算机软件等；③软科学成果，是指对科技政策、科技管理和科技活动的研究所取得的理论、方法和观点，其成果的主要形式为研究报告。

以此为背景，科研项目成果趋势分析需要发现变化现象，通过数据分析或者观察发现随时间变化而发生的事物变化。由于科研成果发表通常含有时间这一信息，因此应以时间序列为基础坐标，建立一些方法来搜集科研项目成果变化的内容。科研项目成果趋势分析方法最重要的是视角变化，既要有微观化视角，发现某个科研项目某个科研领域的发展趋势；也要有宏观化视角统领全局，把控整个科研项目领域的趋势变化。在对趋势有了一定合理的分析之后，可以在此基础上对趋势进行预测，合理推测未来科研项目领域的趋势变化。

8.4 学科交叉成果检索与智能分析

8.4.1 学科交叉成果识别与检索

科研成果是指科研人员在其所从事的某一科学技术研究项目或课题研究范围内，通过实验观察、调查研究、综合分析等一系列脑力、体力劳动所取得的，并经过评审或鉴定确认具有学术意义和实用价值的创造性结果。例如，在科研项目中所产生的论文、专利、著作等都属于科研成果。

科研成果往往都围绕着具体的某个学科或者研究领域展开，代表了这些学科领域的最新理论或实践技术，因而对科研成果赋予明确的学科或者领域信息，有助于科研学者和其他相关从业者快速了解学科的发展状况以及前沿的研究主题。这样的工作也一直在进行着，例如，我国的中国图书馆分类法（以下简称中图分类法）以及国外采用的国际图书分类法。此外，各个文献情报研究机构都有着类似的分类标准。然而，众多的分类标准也给情报文献分析工作带来了很大困扰，例如，国内的期刊会议论文都具有中图分类号，而国外的论文都采用其他分类标准，这给文献的综合分析工作带来了很大障碍。

随着科研的不断发展和深入，单一学科的研究早已不能满足现实社会的需要，越来越多的科研成果涉及了两个甚至是多个领域。相应地，科研人员以及其他相关人员在寻找最新理论成果时，也不再满足于单一学科下的检索，使得学科交叉成果的识别意义越来越重要。要实现学科交叉成果的识别，必须明确一个统一的分类标准。然而分类标准繁多，将其他分类标准的成果映射到统一的分类标准下，需要消耗大量的人力以及学科专业知识，难以人工实现。此外，如何给科研成果分到多个领域也是有待解决的问题[10]。

8.4.2 学科交叉研究主题挖掘与分析

研究主题是指某一研究领域内的主要研究内容，反映了该领域的科研工作者和管理者的研究热点和工作重点。每个研究主题都有不同的研究分支，它们共同构成一个研究主题。每个完整的研究主题分支都有不断演进的生命周期，从新生到发展、成熟、衰退，通过研究其生命周期可以探寻研究主题的演进路径，进而发掘交叉学科中新的研究方向和研究热点。每个学科都有不同的研究主题，当学科有交叉时，又催生出新的应用场景，同时也会延伸出新的研究主题。以计算机学科和医学学科的交叉为例，医学图像的检索与诊断技术研究不断发展，这项技术可以帮助医生进行相似案例的比较，涉及提取图像特征和生物医学的学科背景，研究价值高并且有很广泛的应用场景。

在这样的背景下，对多学科交叉的研究主题进行研究有着重要意义。首先，对于科研人员和管理人员来说，研究某一研究主题的发展演化有重要的导向作用[11]。研究人员能够通过了解学科交叉领域的研究方向，进而对整个学科的发展脉络有一个清晰的认识，研究不仅需要涉及学科交叉的起源，还需要涉及目前存在的分支领域，这些信息可以帮助管理人员作出更科学的决策，也可以帮助研究人员确定研究方向和研究内容。其次，对于学科交叉领域各个研究主题分支的分析，可以帮助研究人员明确某一研究分支当前所处的生命周期，以便发现最有潜力的研究主题分支和最具影响力的文献。科研人员对这些研究主题进行排序，发现研究热点，预测交叉学科研究主题领域中下一个可能出现的研究分支，从而把握整个研究主题的主流方向。同时，新出现的研究主题又催生新的交叉学科，因此，对于热点研究主题的挖掘结果也可以应用于预测新的交叉学科。科研管理人员尤其是期刊编审人员可以结合研究主题领域的热点，对稿件的选题、内容和质量作出及时的调整和精确的选择，让热点研究主题更好地传播，同时也能提升期刊的影响力。

然而，随着科学技术的飞速发展，各学科研究主题不断交叉融合，趋向多元化，传统的文献检索方式难以从海量文献数据中获取精准、有效的信息，这驱使我们思考一种方法——能从海量的文献数据中发现各个学科下研究主题的发展动向。对于每个研究领域，科研人员可以通过综述性研究了解研究主题的发展历程，研究发展过程中的重要节点，探究发展规律，有效地根据学科的发展脉络作出判断，追踪研究热点的动向，预测交叉学科下研究主题未来的发展趋势。

目前关于交叉学科的主题研究具有一定的局限性，这些研究多是从特定的领域研究一个或几个具体的方向，即这些研究是从微观层面上对研究主题的挖掘[12]，而不是从宏观层面上对研究主题的挖掘，因而没有结合研究主题的演化来反映交叉学科下的整体发展。一些基于某一领域研究主题进行的演进规律分析，由于研究的时间跨度较大，因此只能从宏观角度分析研究领域的主题演进，不能从时间序列上挖掘各研究主题的生命周期。每一个研究主题的生命周期都是存在的，它们在动态地发展，不断分化出新的研究分支；而旧有的研究分支也会老化，有的分支已经进入衰退期，可研究和挖掘的内容已经不多，没有继续深入的价值和意义；但有的研究分支还是全新的领域，在到达瓶颈期之前还有相当多值得挖掘的内容。

多数科学研究人员很难清晰、全面地掌握某一研究领域的发展历程，因而对于科研工作者和科研管理者来说，在面对分支庞杂的学科交叉研究主题时，如何把握研究领域的变化、研究主题的动态演进、新兴研究分支的诞生，以及如何发现有价值的科学研究成果是非常重要的研究课题。

参考文献

[1] Zhang Chenwei，Bu Yi，Ding Ying. Understanding scientific collaboration：homophily，transitivity，and preferential attachment [J]. Journal of the Association for Information Science and Technology，2018，69 (1)：72-86.

[2] Lariviere Vincent，Desrochers Nadine，Macaluso Benoit，et al. Contributorship and division of labor in knowledge production [J]. Social Studies of Science，2016，46 (3)：417-435.

[3] 于永胜，董诚，韩红旗，等. 基于社会网络分析的科研团队识别方法研究——基于迭代的中间中心度排名方法识别科研团队领导人 [J]. 情报理论与实践，2018，41 (7)：105-110.

[4] Zhao W B，Yin Z X，Fan T R，et al. Research on influence spread of scientific research team based on scientific factor quantification of big data [J]. International Journal of Distributed Sensor Networks，2019.

[5] 袁莎，唐杰，顾晓韬. 开放互联网中的学者画像技术综述 [J]. 计算机研究与发展，2018，55 (9)：1903-1919.

[6] 方俊伟，崔浩冉，贺国秀，等. 基于先验知识 TextRank 的学术文本关键词抽取 [J]. 情报科学，2019，37（3）：75-80.

[7] 孟明明，张坤，论兵，等. 一种面向知识图谱问答的语义查询扩展方法 [J]. 计算机工程，2019，45（9）：276-283，290.

[8] Devlin J，Chang M W，Lee K，et al. Bert: Pre-training of deep bidirectional transformers for language understanding [J]. CoRR abs/1810.04805，2018.

[9] Ai Q，Bi K，Guo J，et al. Learning a Deep Listwise Context Model for Ranking Refinement [C]. The 41st International ACM SIGIR Conference. ACM，2018.

[10] P Tang，M Jiang，B(Ning)Xia，et al. Multi-Label Patent Categorization with Non-Local Attention-Based Graph Convolutional Network [J]. AAAI，2020，34（5）：9024-9031.

[11] 吴一平，于纯良，曲佳彬，等. 文本主题视域下的高校论文研究前沿领域及演化发展趋势研究 [J]. 情报科学，2021，39（5）：156-162，183.

[12] 阮光册，夏磊. 学科间交叉研究主题识别——以图书情报学与教育学为例 [J]. 情报科学，2020，38（12）：152-157.

第9章

科技大数据在安全领域的应用

9.1 科技大数据的安全防护

9.1.1 科技大数据的安全挑战

面向数据量巨大、数据多源异构、数据时效性高的科技大数据这一类非结构化数据，大数据处理平台以及大数据处理技术应用而生。目前，Hadoop 生态架构是部署最广泛的处理科技大数据的分布式系统基础架构。然而，由于在应用上感知最强的首先是使用效率、性能拓展等技术，许多集群架构平台在刚开始设计时并没有考虑安全问题。随着科技大数据的爆发性增长，强拓展性、并行处理、强伸缩性、集群处理使得科技大数据技术平台遇到了安全问题的挑战。

科技大数据平台不同于传统平台，首要的区别就在于数据量巨大且来源众多，具有很高的时效性，需要有多维度的支撑数据群；其次需要以数据治理为核心来完成多源异构数据汇聚以及资源有效整合，以保证高质量的数据资源。由于科技大数据技术平台运行所需用户众多、运行场景多样，传统安全技术平台的性能难以满足需求。所以，如何从平台建设层面设计一种不同于一般的大数据平台，而面向数据量巨大、数据多源异构、数据时效性高的科技大数据技术平台成为一项重要挑战。

首先，由于科技大数据应用场景下存在大量的未知的用户数据和用户信息，预先为用户角色设置权限非常困难。以百度大数据安全平台为例，即使它的 4A 安全体系中账号 Account 可以采用用户分组管理、区分用户角色，但也难以控制每个用户角色的实际权限，从而无法准确为每个用户指定其可以访问的数据范围。其次，大数据平台需要访问控制来限制用户对某些敏感数据的访问。以阿里云大数据安全平台为例，它虽然有数据安全等级的划分，也支持基于标签和数据视图的访问控制，可根据授权需要精确地允许或拒绝某用户对特定资源的某项具体操作，可以在一定程度上对用户访问控制起到防护作用，但是难以控制每个用户的实际权限，所以在用户访问控制中存在一定的不确定因素；而且一旦授权权限高度集中，会在客观上放大平台的安全风险。所以，如何从平台运维层面进行用户角色权限设置和用户访问控制显得尤为重要。

科技大数据具有丰富性、多维度、多源和数量庞大等特征，相比传统数据面临更多挑战。

9.1.1.1 科技大数据在数据应用中面临的挑战

科技大数据通常采用集中化存储管理且蕴含着巨大价值，所以常成为网络攻击的重点目标，针对大学数据的勒索攻击和数据泄露事件频繁发生。市场调研公司 Canalys 的最新报告《网络安全的下一步》显示，2020 年数据泄露呈现爆炸式增长，12 个月内泄露的记录比过去 15 年的总和还多。疫情的到来使远程办公、视频会议、企业协作成为重要工作方式，使在网络中传输的科技大数据越来越多，进一步加剧了科技大数据泄露的问题。科技大数据具有丰富性和多维度等特征，不仅包含实验参与者的隐私，还包含研究人员的科研结果、论文和专利等，这些信息的泄露会导致研究成果被窃用、降低人们对版权的重视程度、版权所有者的收入减少以及实验参与者数量减少。为了保护实验参与者的隐私安全、研究人员的研究成果及版权，应对科技大数据安全提出更高要求。

网络环境更加开放、数据内容及应用更加复杂和更多的用户访问使科技大数据在保密性、完整性、可用性等方面较传统数据面临更大的挑战；科技大数据具有多个来源，其采集终端性能、种类、技术等往往不同，这给进行数据真实性验证带来很大困难；科技大数据在流通过程中会被多种角色用户所接触，可能会在某些应用阶段产生新的数据，也可能出现数据脱离数据所有者控制而存在的情况，造成数据滥用、权属不明确、安全监管责任不清晰等安全风险，使数据所有者权益更加难以保障。

9.1.1.2 科技大数据在数据处理中面临的挑战

数据收集后不能直接用于数据分析，需要经过数据清洗和信息提取、数据集成、数据可靠性管理和加密防泄露、数据销毁等处理。随着应用领域扩大、数据量激增、数据种类增加，数据处理算法愈加复杂。

数据提取方法是不可通用的且高度依赖应用，不同的应用需要不同的提取方法，每当出现一个新的应用都需设计一个新的算法，增加了工作量。如何设计一个通用的提取算法成为一项新挑战；有效的大规模数据通常需要从多个异构源收集数据，不同来源的数据在数据结构和语义上有所差别，因此需要设计数据转换和集成工具，以让不同源的数据达成统一[1]，如何设计高效且可应用于不同领域的数据转换和集成工具也是一项新的挑战；多个应用所收集到的信息往往是存在关联的，如何在保证数据完整性、正确性和可用性的前提下为数据加密并切断多个应用的信息间的关联，成为迫在眉睫的问题；当科技数据使用完毕后，如何销毁、不被非法用户获取也应当得到重视。

大数据时代，数字化进一步增加了数据隐私泄露的可能性。哈佛大学 Latanya Sweeney 教授关于人口统计学的研究表明，仅根据邮政编码、生日和性别，可以准确识别 87% 的美国公民的身份；公民隐私的数字化加剧了隐私的无形化，隐私在不经意间即被侵犯；侵犯隐私后果会更严重，互联网强大的记忆和存储功能让一切在线行为被永久记录，会加重精神损害和名誉损害的后果。科技大数据应用对个人隐私造成的危害不仅是数据泄露，隐私保护算法的可扩展性、算法的效率和数据的异构性对传统个人隐私保护框架和技术能力亦带来了严峻挑战。

目前，在处理大规模数据库时主要采用的方法是分治法，但是科技大数据的规模远远大于当前存在的大规模数据库，如何设计可扩展性算法以实现隐私保护是面临的一个挑战；当前可用的隐私保护算法几乎都是面向同构数据的，但科技大数据的数据源都是异构的，如何以高效的方式处理异构大数据也成为一个新的挑战；对于数量庞大的大数据，算法的效率将是大数据计算过程中一个重要因素，如何提高隐私保护算法的效率也是当前需要解决的一大难题；科技大数据的数据库是非关系型数据库，当前对于非关系型数据库尚无严格的访问控制机制及相对完善的隐私保护工具，需要完善隐私保护机制，使其适用于非关系型数据库。

9.1.2 科技大数据的安全防护需求

平台建设及运维安全是科技大数据系统安全的基石。目前在科技大数据的安全防护上，无论是开源还是商业化的大数据平台，都处在高速发展阶段，在平台建设上依然存在传统平台安全不足以达到要求、在运维安全防护上平台在角色权限和用户访问控制上有待提高等不足之处。要解决此类安全问题，需进行理念和制度上的创新，以数据治理为核心，设计出基于人工智能及科技大数据技术建设高效数据治理平台，实现科技大数据体系中的数据采集、存储、计算与管理的平台化运营，实现多来源数据组织和数据融汇，高效实现各类资源的采集、汇聚、计算组织、融合与揭示能力[2]。

随着人工智能和科技大数据技术的发展，科技知识服务模式得到了推动[3, 4]。在此过程中，科技大数据也面临诸多安全问题：数据存储问题，如数据清洗涉及的隐私泄露、明文数据存储造成的安全隐患等；数据传输问题，如传输中的数据泄露与篡改等。在科技大数据管理与应用过程中使用特定安全防护技术，保障科技服务应用中的数据安全成为重要研究方向。科技大数据覆盖了多种类型、多种渠道的数据集且具有一定时效性，在对此类数据进行存储管理时，需充分考虑数据的多源异构特征和复杂关联关系，提出针对科技大数据的资源管理与应用保护方案。同时，科技大数据具有丰富性、多维度和体量庞大的特征，其存储和处理过程也需要专门研究。科技大数据的安全管理具体内容应包括多源异构元数据的汇聚、清洗和规范化，数据可靠性管理和加密、防泄露，数据的销毁等，以保证数据本身的安全。

科技大数据在对用户提供服务的同时，也需要对用户隐私加以保护，这不仅是一个技术和法律问题，也是一个信任问题。科技大数据隐私安全需要能够区分用户隐私级别。关于用户数据隐私有不同等级之分，存在敏感和非敏感数据，区分并针对性地保护用户敏感信息安全，既能将用户隐私保护落到实处，又有利于大数据要素合法流通，同时可以更加清晰地界定可利用的数据要素资源与用户隐私之间的界线。科技大数据隐私安全对用户隐私的保护不单单是狭义的保护个人隐私权，还要在个人信息收集、使用过程中保障数据主体的个人信息权利，如个人信息保密权、信息查询权、信息删除权等。随着市场对大数据服务安全需求的增加，服务平台增加了身份认证、访问控制、数据加密等安全机制，这些安全机制的应用为大数据平台服务安全提供了基础机制保障。

大数据隐私安全日益对经济运行机制、社会生活方式和国家治理能力产生重要影响，安全服务应达到全面提高大数据安全技术保障的能力，以满足更广泛的市场应用需求。

9.1.3 科技大数据的安全防护核心技术

与传统的大数据不同，科技大数据具有海量、多源异构、实时性的特征。要处理新形势下的科技大数据，需要使用安全技术建立起分布式集群并且开源的生态结构，包括数据存储问题、分布式计算问题，以应对类型复杂、数量庞大的科技大数据。在平台功能的增加过程中，大量的用户及数据也加入到平台处理过程中，各组件之间的访问权限、计算过程安全保障较为薄弱。

9.1.3.1 平台建设安全技术内容

（1）安全访问控制。最初的大数据处理平台是在所有协作组件都在可信环境的假设中设计的，因此在安全访问控制方面比较薄弱，容易发生安全事件，如越权提交数据、恶意篡改数据等。而目前每个处理平台都有着庞大的体量以及烦冗的组件交互逻辑，完全重新设计安全模型是不现实的。目前可应用的方案是在原架构的基础上对用户、组件提供安全认证，如 Hadoop 的安全认证加入了 Kerberos 认证、基于角色的权限访问控制、文件 ACL 访问控制等。

（2）安全计算。目前，科技大数据在物理上是分布在各个组织的数据库中，由于数据是珍贵的资源，各组织在共同协作的需求下也要保证自己数据的所有权。随着科技大数据体系的发展，一个相对全面的科技大数据知识图谱能够为学术及工业界提供智慧数据服务，能够形成一个权威的知识基础框架。安全计算可以满足各组织在保持权限的前提下安全聚合成一个知识图谱关系库，如论文知识图谱。目前可应用的方案有安全多方计算、图联邦学习、差分隐私等。

面对科技大数据安全管理中涉及的各项隐私问题，目前的安全管理技术主要从数据汇聚、存储、访问控制和销毁等过程中存在的安全隐患角度提出解决方案。

9.1.3.2 内容数据管理与应用安全技术

（1）数据汇聚。以各网络文献等资源数据为基础的源数据具有多源异构的特征，对于此类数据需要进行严格的、符合标准的数据汇聚操作。数据汇聚包括数据清洗、合并和规范化。数据清洗的目的在于保证数据的一致和准确性，防止错误数据、缺失或异常数据造成不良影响。目前数据清洗方案的基本流程包括数据预处理、不完整数据检测、错误数据检测、冗余数据检测、非清洁数据筛选与修正、数据与任务定义的符合程度判定等。数据规范化的目的是针对搜集的各网络平台元数据标准不统一或存在的非结构、半结构化数据进行统一标准的结构化处理，防止数据加工过程中出现错误。其主要方法为通过数据解析，将不同结构的数据映射到统一数据标准，再进行规则处理并去掉冗余数据。

（2）数据保密存储技术。数据保密存储技术要点包括加密算法和加密粒度，其中加密算法包括线性混合加密算法、密钥混合加密算法[5]等，均具有不同特性和效率，应针对不同的应用场景选择适合的加密算法；数据的加密粒度能够保证加密的高效性，已有数据加密方案通过敏感数据识别技术确定加密字段，以节约数据库资源。

（3）数据防泄露技术。数据防泄露技术主要包括两个方面的内容，即存储泄露和使用泄露。存储数据防止泄露的手段包括数据加密、访问认证管理、敏感数据违规使用的识别、数据库防火墙等。目前的数据防泄露技术更多的是结合人工智能算法动态识别需要加密的字段，并对违规数据访问行为进行自动发掘和警告、阻断。数据在使用过程中的泄露主要包括传输时的数据泄露和数据交互时的泄露，目前通常采取流量监控的手段监控敏感数据的流动，并阻止用户通过各类应用传播敏感数据，同时结合人工智能算法对数据交互过程中的行为进行审计。

（4）数据销毁技术。对于科技大数据中心而言，数据生命周期管理尤为重要，但其销毁环节却容易被忽视。科技大数据包括的用户隐私数据、资助数据、研究样本数据等体量十分庞大，无法永久维护，而数据销毁不彻底造成的隐私泄露问题将使社会乃至国家承担巨大风险。目前已有一定的数据销毁行业标准，如应用最为广泛的 DOD 5220.22-M 标准，还有 GUTMAN/7Pass、DOD/3Pass 等。此外，格式化硬盘、硬盘分区、文件粉碎软件也是通常采用的数据销毁手段。

9.1.3.3 科技大数据隐私保护技术

目前科技大数据在用户隐私保护技术方面具有保护范围增大和保护难度提高的特点。科技大数据安全技术提供了机密性、完整性和可用性的防护基础，隐私保护是在此基础上保证个人隐私信息不发生外泄或被不合法获取。

在科技大数据环境下，需要发展基于密码认证、攻防、风险控制、安全集成设计等技术。例如，科技文献大数据体系通过 Restful API 接口提供数据获取服务，其采用的是分布式技术，具有弹性扩展性、热注册、高性能、防爬虫等优点。目前所采用的用户隐私保护技术一般是在整体用户数据的基础上设置分级分类的动态防护策略，在降低已知风险的同时减少对用户隐私的干扰；对结构化的用户隐私数据，主要采用数据库审计、数据库防火墙以及数据库脱敏等数据库安全防护技术；对于非结构化的用户隐私数据，主要采用数据泄露防护技术。同时，细粒度的用户数据行为审计与追踪溯源技术能帮助系统在发生数据安全事件时迅速定位问题、查缺补漏。针对数据隐私保护技术，目前应用最广泛的是数据脱敏技术，学术界也提出了匿名化算法用于隐私保护，但应用尚不广泛。

（1）数据脱敏技术。数据脱敏技术发展成熟，是目前应用最广泛的隐私保护技术。该技术是指对某些敏感信息通过脱敏规则进行数据的变形，实现对个人数据的隐私保护。目前脱敏技术常用的是基于数据失真的技术，是随机干扰、乱序等，是一种不可逆算法，通过这种算法可以生成“看起来很真实的假数据”，适用于群体信息统计的场景。数据脱敏技术还有一种可逆的置换算法，可通过位置变换、表映射、算法映射等方式实现。其中，表映射方法应用起来相对简单，但是随着用户数据量的增大，相应的映射表同量增大，应用局限性高；算法映射方法不需要做映射表，通过自行设计的算法来实现数据变换，这类算法都是基于密码学的基本概念自行设计的，通常做法是在公开算法的基础上做一定的变换，适用于需要保持业务属性或需要可逆的场景。数据应用系统在选择脱敏算法时，可用性和隐私保护的平衡是关键，既要考虑系统开销，满足业务系统的需求，又要兼顾最小可用原则，最大限度地保护用户隐私。

（2）匿名化算法。匿名化算法将成为未来隐私保护问题的关键技术。数据匿名化算法可以实现根据具体情况有条件地发布部分数据或者数据的部分属性内容，包括差分隐私、K 匿名、L 多样性、T 接近等。匿名化算法要解决的问题包括隐私性和可用性间的平衡问题、执行效率问题、度量和评价标准问题、动态重发布数据的匿名化问题、多维约束匿名问题等。匿名化算法由于能够在数据发布环境下防止用户敏感数据被泄露，同时又能保证发布数据的真实性，使其在科技大数据安全领域受到广泛关注。目前，匿名化算法还有很多挑战性问题亟待解决，算法的成熟度和使用普及程度还不是很高。匿名化相关算法是目前数据安全领域的研究热点之一，已取得了丰富的研究成果并得到一些实际应用，相信会在隐私保护方面得到越来越多的应用。

目前，隐私保护技术存在的核心问题是效率问题，而匿名化算法、同态加密、多方安全计算等前沿隐私保护算法可以增强科技大数据环境下的多源数据攻防，有效提高科技大数据隐私保护技术水平。

9.2 科技大数据的安全应用

9.2.1 科技大数据服务于安全理论研究

现如今，随着各个领域的技术发展逐渐趋于成熟，安全逐渐成为各行各业深入发展的重要方向。不同行业需要不同方面和级别的安全，实现各领域的安全需要构建不同的新型安全机制，而这些与安全相关的安全技术都需要与安全相关的学术研究为其提供充分的理论支撑。科技大数据涵盖了各个类型的安全基本理论和各个行业的安全应用，应将不同领域的安全理论研究进行资源整合，以开放共享的思想助力研究人员实现安全理论方面的新突破。与此同时，安全理论研究的新突破将对科技大数据进行同步更新，与科技大数据相辅相成。

以网络安全科学基础为例，网络安全作为新兴的研究领域，在该研究方向形成之初，各个大学和研究机构都希望建立一套具有较强理论和实证基础的网络空间安全系统体系。研究人员通过引入科技大数据中关于密码学、博弈论、模型检测等已有的信息安全相关理论，辅助确定网络空间安全研究的方向。科技大数据中针对密码学的研究提供了在不可靠环境中安全通信的方案，其中对敌手攻击能力的刻画、攻击模式的分类以及密码系统的安全性评估方法都为网络空间安全科学的基础研究提供了有益参考。现有的人工智能技术（如机器学习等）大多需要在精度和性能之间做取舍，如何在最大化收益的同时保证性能的最优便利用了科技大数据中关于博弈论的理论研究。博弈论思想帮助确定网络空间安全防御策略的优先次序，为网络攻防收益的量化、最优防御策略的选择等提供了理论基础[6]。

以通信安全和数据传输安全等安全领域的基本理论加密算法为例，公元前 400 年，古希腊人率先提出置换加密算法，经过多个时代科研人员的共同努力，逐渐发展出 MD5、DES、RSA、AES、椭圆曲线加密算法等多种对称密钥和非对称密钥加密方案，直至今日炙手可热的同态加密，为各个领域的安全技术突破打下了坚实的理论基础。隐私保护领域最为经典的两种防止隐私泄露的方法——差分隐私和安全多方计算，都是通过密码学的手段分别以随机噪声和同态加密为理论基础进行技术实现。同时，也不断有研究人员结合各个方案的优缺点，针对不同场景或不同需求，对科技大数据中关于密码学的基础理论进行优化和改进，设计出更符合实际情况、性能更优的新型加密算法并更新科技大数据的内容，为后人的研究提供灵感与帮助。

以安全协议为例，安全协议针对不同的应用场景需要实现保密性、完整性、可用性和认证性中的一种或者多种。不同性质的实现基于科技大数据中不同的理论研究，保密性通常采用加密算法实现，完整性则通常使用消息完整码实现，可用性基于时间戳机制或流量检测技术，认证性一般使用数字签名来完成。科技大数据帮助研究人员对以上性质的原理和实现进行理论研究，将以上性质的理论研究进行整合设计，实现安全协议领域的理论研究突破，从而进一步支持未来安全协议的落地运行。

9.2.2 科技大数据服务于安全技术突破

高级持续威胁是针对关键信息基础架构的有针对性的攻击活动，它有选择性地针对高价值资产或者物理系统进行带有明确目的的破坏或窃取数据，具有潜伏性和持续性等特点。由于 APT 检测的一大挑战就是要对大量多源异构数据进行长期分析，科技大数据特别适合于 APT 攻击的检测。Bhatt 等[7]提出了一种既能描述攻击方法又能描述攻击预期效果的多阶段攻击模型框架的设计原则，利用 Hadoop 对多个科技大数据源的数据进行存储和关联分析，对多阶段 APT 攻击进行建模和识别。Francois 等[8]利用主机依赖模型和改编的 PageRank 算法进行大规模网络流量等科技大数据的记录，进而分析和检测僵尸网络。Giura 等人[9]基于 MapReduce，采用多种检测算法建立了大规模分布式计算框架，可高效处理具有长时间跨度的多种科技大数据（包括系统日志、NIDS 和防火墙监控数据等）以进行 APT 检测。

过去采用大数据技术，一般从云平台和本地运营商互联网出口搜集恶意数据，使内部人员的恶意行为能够非常容易地访问大量正常数据，因此常规的安全策略难以防范。当前，可通过反映内部人员行为痕迹（包含命令执行、网络访问、文件操作和鼠标键盘使用等）构建科技大数据集，运用数据挖掘算法分析人员行为特征，检测并预防内部威胁。Bose 等[10]采用 Spark Streaming 对海量包含异构流的科技大数据进行分析，通过检测事件流中的异常模式实现近实时的内部威胁检测。IBM 基于 Hadoop 平台开发出一款安全软件，可以收集公司内部数十年以来的邮件、社交、网络等网络流量，并利用 Hadoop 进行模式分析检测心怀不满的员工，预防数据泄露。Greitzer 等人[11]强调个人和组织的社会技术因素，将人的心理、行为活动等因素加入科技大数据中，从而能够高效分析内部威胁特征和检测内部威胁。

研究人员还将科技大数据应用到系统漏洞挖掘、恶意软件检测等领域。Bilge 等人[12]提出了一种从现场收集的数据中自动识别零日攻击的方法，这些数据记录了世界各地 1100 万台真实主机上正常和恶意二进制文件下载的情况。通过在此科技数据集中搜索利用已知漏洞的恶意文件，表明哪些文件在相应漏洞被披露之前就出现在互联网上，从而确定了 18 个漏洞。Win 等人[13]提出了一种新的基于科技大数据的安全分析方法来检测虚拟基础设施中的高级攻击：首先定期采集用户的网络日志和应用日志，然后通过基于图的事件关联和基于MapReduce解析器的潜在攻击路径识别来提取攻击特征，再利用机器学习确定攻击的存在性，即利用logistic回归计算攻击对属性的条件概率，并基于这些属性利用置信传播检测攻击的存在。

9.2.3 科技大数据服务于安全应用

针对传统计算机网络和系统的攻击，经过安全从业人员多年的共同努力，已经形成了一套完备的检测和防御体系。如今物联网和移动设备在人们生活中普及开来，网络安全事件层出不穷，传统安全防御措施很难及时、有效地发现安全威胁，这就需要最前沿的科技大数据解决物联网安全监管问题：通过最新的研究成果分析出攻击的原理，采取专门防御方法；汇总科技大数据，进行攻击实体关系挖掘，实现粗粒度协议知识图谱的构造、攻防知识实体统一，在此基础上实现异构网络知识图谱的图融合，构建多层次多维度的安全态势数据集；提取攻击发生时的异常网络流量和异常系统参数，构造全面、实时、有效的科技大数据集，从而全面、精准地掌握多源异构网络的安全状态，通过分析出攻击者的意图、目标、造成的后果，得到一个全面的安全态势感知。

利用科技大数据与大数据分析技术，与公安部门进行联动打击伪基站诈骗，可以极大提高发现伪基站的能力和效率，并可以及时阻断诈骗短信中的钓鱼链接，打破诈骗链条。首先，可以利用科技大数据中相关的新型特征提取与分类方法，对收集到的大量伪基站短信中包含的时间、地点、内容、仿冒的基站号等各种信息提取相关行为特征。其次，将采集到的短信特征，与利用科技大数据所建立的云端库中存储的大量伪基站短信特征进行比对，并监测信息的传输管道，实现对伪基站及其后续诈骗行为的快速、高效检测。再次，运用科技大数据中关于自然语言处理与机器学习等相关研究，利用人工智能方法实现从海量的垃圾短信中智能化自动识别伪基站短信，向成为欺诈目标的用户发出预警；最后，结合科技大数据中经纬度信息的相关研究，实现精准发现并定位伪基站，结合伪基站的历史数据，分析伪基站的历史行动轨迹特征并以此对其运动轨迹进行预判，同时使用相关信息更新科技大数据，联合执法部门辅助执行相关抓捕活动。

针对关键信息基础架构的高级持续攻击活动，相关防御方法与应用研究基于海量的安全数据，以科技大数据为支撑，能够获得最先进的高级持续威胁检测方法与技术。同时，通过人工智能结合科技大数据知识以及攻击者多个维度的特征，还原攻击路径，可持续地发现未知威胁。此外，恶意代码检测技术可以满足文件中恶意代码的提取和检测，通过沙箱模拟和检测恶意活动及漏洞滥用，木马家族识别应对变种木马并具备防沙箱检测能力。动态检测可提炼出1000种以上的恶意行为规则，并将其抽象为十多类威胁表述，凝练当前安全研究成果，结合科技大数据，能够准确提示当前新兴、流行的各种木马、蠕虫类型及勒索病毒，能准确提示各种文件、进线程、注册表危险行为以及漏洞攻击行为等。

综上所述，科技大数据是针对当前多源异构网络实现多维度多层次全方面安全防护的一个重要数据来源，具有极高的参考价值和借鉴意义。我们应该持续更新科技大数据库，使科技大数据始终包含科技前沿领域最新研究成果，及时有效地将科技大数据应用于安全领域。

参考文献

[1] 金丽. 大数据及其面临的技术挑战分析［J］. 无线互联科技，2017（23）：48-49.

[2] 吴振新，钱力，谢靖，等. 面向智慧知识服务的科技文献大数据体系建设［J］. 图书情报工作，2020，64（24）：63-72.

[3] 钱力，张晓林，王茜. 基于科技文献的研究设计指纹描述框架研究［J］. 大学图书馆学报，2015，33（1）：14-20.

[4] 柯平，邹金汇. 后知识服务时代的图书馆转型［J］. 中国图书馆学报，2019，45（1）：4-17.

[5] 樊变霞. 面向大数据的加密方法研究［D］. 黄石：湖北师范大学，2016.

[6] 陈华山，皮兰，刘峰，等. 网络空间安全科学基础的研究前沿及发展趋势［J］. 信息网络安全，2015（3）：1-5.

[7] Bhatt P，Yano E T，Gustavsson P. Towards a framework to detect multi-stage advanced persistent threats attacks［C］. Proceedings of the 8th IEEE International Symposium on Service Oriented System Engineering，Oxford，2014.

[8] Francois J，Wang S，Bronzi W，et al. Botcloud：detecting botnets using mapreduce［C］.

Proceedings of the 2011 IEEE International Workshop on Information Forensics and Security, Iguacu Falls, 2011.

[9] Giura P, Wang W. Using large scale distributed computing to unveil advanced persistent threats [J]. Sci. J, 2012 (1): 93-105.

[10] Bose B, Avasarala B, Tirthapura S, et al. Detecting insider threats using RADISH: a system for real-time anomaly detection in heterogeneous data streams [J]. IEEE Syst J, 2017 (11): 471-482.

[11] Greitzer F, Purl J, Leong Y M, et al. SOFIT: sociotechnical and organizational factors for insider threat [C]. Proceedings of 2018 IEEE Security and Privacy Workshops, San Francisco, 2018.

[12] Bilge L, Dumitras T. Before we knew it: an empirical study of zero-day attacks in the real world [C]. Proceedings of the 2012 ACM Conference on Computer and Communications Security, Raleigh, 2012.

[13] Win T Y, Tianfield H, Mair Q. Big data based security analytics for protecting virtualized infrastructures in cloud computing [J]. IEEE Trans Big Data, 2018 (4): 11-25.

第10章 科技大数据在抗疫中的应用

2020 年开年之际，新冠疫情汹涌而至。疫情突发性高、传染性强、扩散性广、风险性大，防控工作任务艰巨、时间紧迫、形势严峻。在这场疫情阻击战中，大数据、人工智能、云计算等快速发展的新一代信息技术加速与科技、交通、医疗、教育等领域深度融合，让疫情防控的组织和执行更加高效，成为战“疫”的强有力武器。在抗击疫情过程中，疫情动态信息的公布、发展趋势的研判与预测、涉疫人员的精准定位、防控工作的指挥调度等都离不开科技大数据的支撑。据人工智能产业联盟发布的《人工智能助力新冠疫情防控调研报告》显示，科技大数据分析在疫情态势感知、疫情重点人员追踪、人员轨迹溯源、网络舆情分析等方面的应用表现突出。下面，重点介绍科技大数据在新冠疫情网络舆情研判以及新冠疫情传播趋势预测中的应用。

10.1 科技大数据在新冠疫情网络舆情研判中的应用

尽管医疗水平不断提高，但传染病对人类的威胁并没有降低。2019 年年底和 2020 年年初暴发的新冠肺炎传染性强、影响范围广，引起了全世界的关注。对新冠疫情网络舆情信息开展实时监控和精准研判，有助于新冠疫情的及时防控，目前已成为政府和学术界关注的焦点，同时也是当今世界迫切需要解决的重大问题。

新冠疫情的网络舆情研判任务复杂、知识分布更加分散、有效数据获取和精准研判更加困难，研究基于科技大数据的新冠网络舆情研判技术与应用需要解决三方面问题：①在新冠疫情网络舆情数据语义表达和关联上，突破传统的关键词词袋、向量空间等模型，转变为更立体、更全面、更开放、更规范的语义网络模型，使研判任务目标数据都能包含在统一的模型框架中；②在网络舆情研判知识匹配和扩展上，借鉴人工智能技术的应用，使之更加智能化和精确化；③在舆情知识推理和智能化研判上，运用新冠肺炎领域知识图谱积累的大量知识点及其关系，通过机器学习自动发现隐含的知识和关系模式，提高科技大数据知识发现及预测的效果和可解释性。

基于新冠疫情网络舆情大数据的精准获取和智能化计算，有利于统一网络舆情信息资源和加强语义分析，有利于准确分析研判网络舆情的风险点、矛盾点，有利于舆情自动编报、精准推荐和决策支持。其研究架构如图 10-1 所示。借助新兴可视化工具，从时间、空间维度展开新闻舆情主题和情感挖掘，可为今后相关突发公共卫生事件的新闻报道提供借鉴，使相关管理部门更科学地引导新闻舆论。

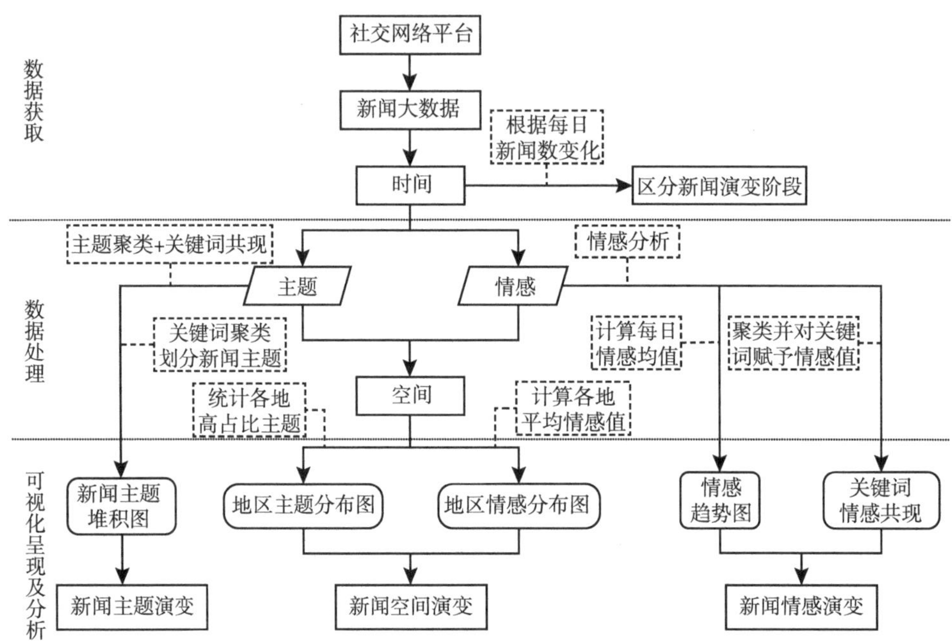

图 10-1　突发公共卫生事件新闻舆情研究架构

10.1.1　新冠疫情网络舆情研判的处理流程

新冠疫情网络舆情研判属于网络舆情管理的研究范畴，是针对网络媒体和用户产生的并在网络上进行传播的舆情信息进行价值或趋向判定的过程。网络舆情研判的信息处理一般包括网络舆情科技大数据搜集、网络舆情信息分析、网络舆情信息编报和网络舆情信息控制等流程，如图 10-2 所示。

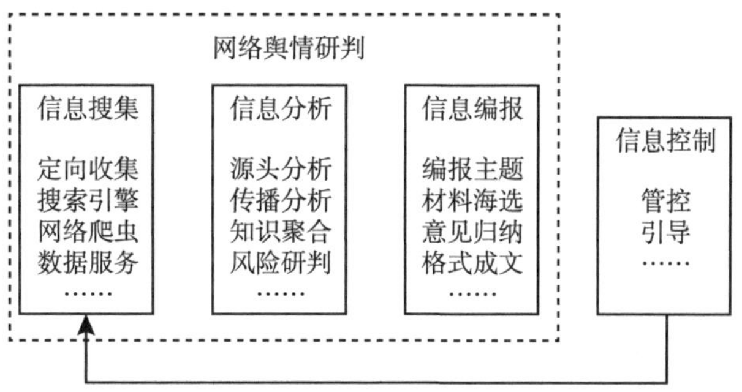

图 10-2　新冠疫情网络舆情研判的信息处理流程

其中，信息搜集是新冠疫情网络舆情研判的开始；信息分析是网络舆情研判的关键，主要完成真伪判断、分类筛选、统计分析等工作，提炼出舆情矛盾点、异化点、风险点，为网络舆情信息编报提供数据支撑；信息编报是网络舆情研判的重要过程，研判人员通过编报选题、材料海选、资料归集、归纳意见形成编报内容，按照对应编辑刊物的格式编写，经审查核对后上报相关部门，网络舆情的重要性主要通过舆情编报体现；信息控制是网络舆情研判的反馈机制，目的是减少有害信息传播、预防舆情危机事件发生。

10.1.2　新冠疫情网络舆情研判的方法和模型

新冠疫情网络舆情研判相关研究主要有两大类方法，一是从舆情安全评估和预警角度研究网络舆情评估指标和方法；二是从信息传播角度研究网络舆情演化模型。网络舆情评估指标体系相关研究主要集中在通用舆情、特定事件舆情和特定领域舆情的评估等，如刘健等[1]面向微博信息传播，研究设计了信息传播者、受传者、信息内容、传播渠道、传播环境属性等指标。陈建敏等[2]引入信息空间模型，提出涉军网络舆情信息指标体系设计思路、原则和方法等。对应的评估方法主要有基于层次分析法（AHP）和基于模糊评价法。层次分析法广泛应用于指标体系设计，同时基于指标体系的舆情评估也多基于层次分析法分析指标权重。基于模糊评价法即通过概率等数学手段处理模糊的评价对象，如舆情热点词汇、评论意见等。近几年，两种方法趋于结合，如王高飞等[3]将层次分析法与模糊综合分析法相结合，构建基于 AHP- 模糊综合分析的移动社交网络舆情预警模型，通过实证说明模型的有效性和准确性。在网络舆情演化模型及模拟仿真研究方面，早期主要基于生命周期理论对网络舆情生命周期进行划分。随着大数据时代的到来，面对海量的舆情数据和复杂的网络传播路径，越来越多的学者引入了复杂网络、模拟仿真、数据挖掘、人工智能等技术研究舆情扩散机理、群体性事件预测等。如刘继等[4]基于复杂网络对舆情团落进行分析，利用深度学习提高舆情智能计算能力、对网络舆情事件进行演化推理，提升网络舆情态势智能分析水平；彭程等[5]基于 SIR 传染病模型与 EGM 灰色预测模型，提出一种舆情预警与舆情防控模型等。

10.1.3 知识图谱助力新冠疫情网络舆情研判

知识图谱技术是指知识图谱建立和应用的技术，是融合认知计算、知识表示与推理、信息检索与抽取、自然语言处理与语义 Web、数据挖掘与机器学习等方向的交叉研究[6]。随着大数据时代的到来，研究从大数据中挖掘隐含知识的理论与方法，将大数据转化为知识，增强对互联网资源的内容理解，将促进当代信息处理技术从信息服务向知识服务转变[7]。通过将各种不同来源数据进行融合并构建为一个完整的知识体系。可为相关应用决策提供更加精准可靠的依据。构建时，首先利用知识获取技术从最原始的数据（包括结构化、半结构化、非结构化数据）中提取知识实体；其次利用知识表示方法描述实体、关系及其之间复杂的语义关联；最后将其存入知识库的数据层和模式层，完成知识图谱构建。

结合舆情研判信息处理流程可知，构建新冠疫情知识图谱，可在新冠疫情网络舆情研判数据管理、信息处理和知识服务过程中发挥技术优势。知识图谱等人工智能技术在网络舆情研判中的基础性应用可以提升网络空间的舆情安全态势分析管控能力，是提高国家政府部门突发应急响应能力的关键路径和重要体现，也是响应国家战略、切实提高执政能力的必然要求。

通过利用各类百科、各部委数据、运营商数据、交通出行数据、互联网第三方数据等内外部数据，构建新冠疫情知识图谱，发现并展示疫情信息的关联关系，同时结合图谱的关联分析、时空分析、流向分析等可视化分析手段，可以更好地支撑疫情态势研判。以东南大学创建的新冠百科知识图谱为例，该知识图谱是针对 COVID-19 领域的百科知识图谱，是所有新冠知识图谱的基础。该知识图谱从各个主要的网络百科全书出发挖掘数据，涵盖疫情涉及的相关知识，以病毒、细菌为主体，扩展了治疗、疾病等相关内容，通过提取这些概念的百科知识，形成新冠疫情知识图谱。同时，从百度百科、互动百科、中文维基百科、医学百科等科技大数据中进一步挖掘病毒、细菌、疾病、医学之间的关系，采用基于本体的信息抽取技术扩充实体的属性信息；并从英文维基百科页面出发完成英文知识图谱构建，实现了中英文跨语言链接。该知识图谱从百度百科（实例 30390 个，三元组 106264 个）、互动百科（实例 38310 个，三元组 102360 个）、中文维基百科（实例 1695 个，三元组 2144 个）、医学百科（实例 26852 个，三元组 31031 个）和英文百科（实例 11051 个，三元组 56864 个）中提取了完备的新冠肺炎领域相关概念、实例和三元组，所构建新冠百科知识图谱的可视化样例如图 10–3 所示。

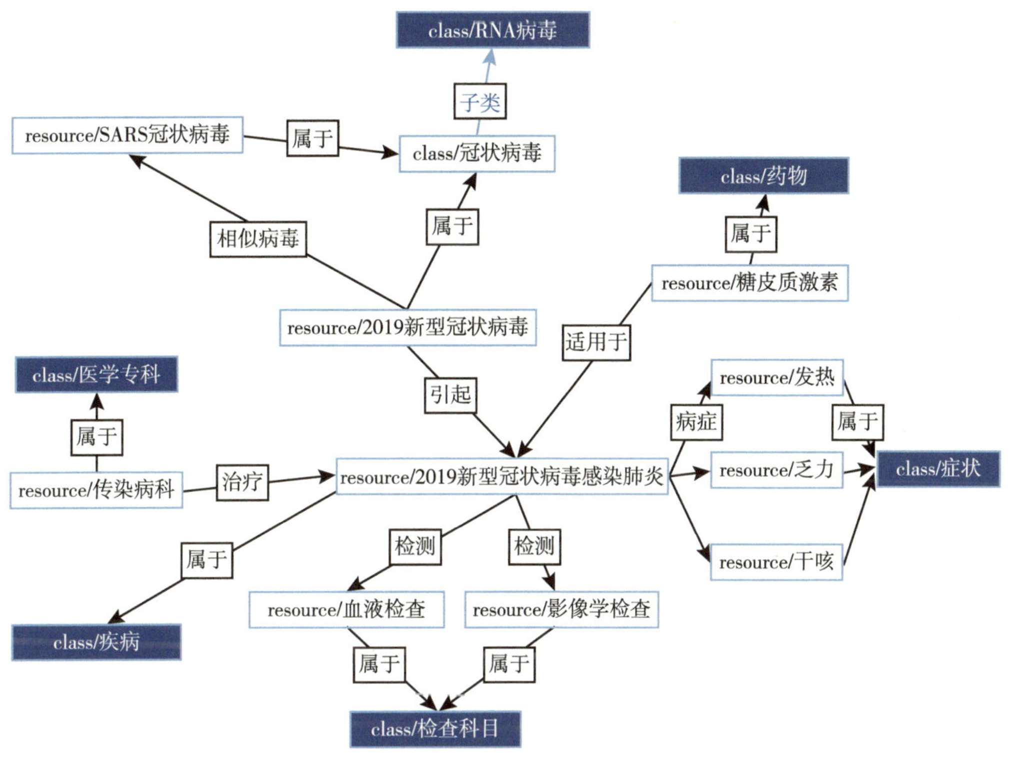

图 10–3 新冠百科知识图谱

以渊亭科技疫情智能作战平台为例[8]，该平台由厦门渊亭信息科技有限公司开发完成，可以针对疫情信息大数据快速构建出新冠疫情知识图谱，并基于构建的知识图谱对疫情信息进行分析研判，实现从数据输入到知识幻化、知识应用、知识输出的全过程，从而为各地疫情防控部门监控和辨认可疑病毒携带者提供决策依据，系统实现如图 10–4 所示。基于动态关系科技大数据生成可视化疫情传播网络图谱，可完整展现人群流向、人群规模、来源地、疫情发展趋势等之间的复杂关系，直观描述疫情演变、追溯疫情源头、预测地区潜在染病人群，为防控部门及早作出反应措施提供决策参考；以舆情事件及其关联信息构建事件知识图谱，综合分析事件发生前、中、后的全过程数据，自动形成多维度分析图表及监测报告。同时，结合科技大数据和人工智能算法模型（事件预测、因果分析、事件推演），预测舆情发展趋势，为舆情应对和研判提供决策参考。

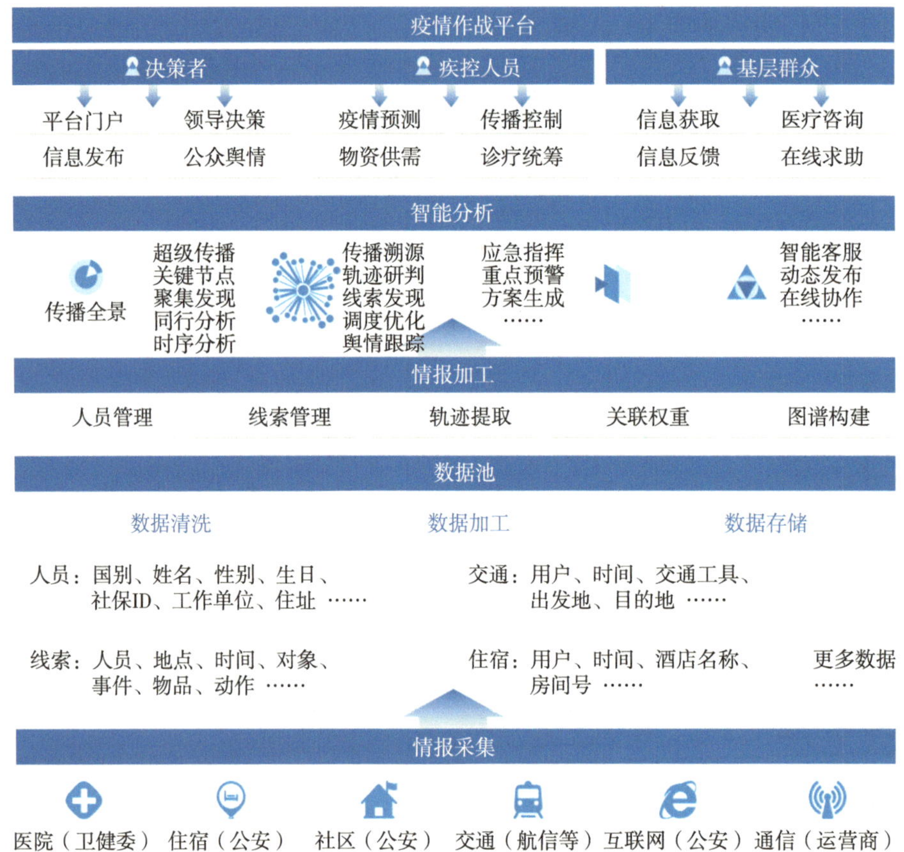

图 10-4　渊亭科技疫情智能作战平台

10.2　科技大数据在新冠疫情传播趋势预测中的应用

随着新冠疫情演变为大流行，科学界尝试了各种方法来预测疾病的传染趋势，以期为公共部门的规划决策提供依据。当前的疾病传播研究主要集中于时序数据和传染病模型。但是在现有研究中，影响新冠肺炎传播的时空因素和舆论因素并没有被很好地考虑进去。为了解决这些问题，杨成意等[9]运用时空信息提升新冠疫情传播趋势预测精度，Fu 等[10]将知识图谱引入新冠疫情传播趋势预测，以更好地捕获突发事件对疫情传播趋势的影响。

10.2.1 基于图神经网络的新冠疫情趋势预测

现有方法在处理时空数据时，需要分别提取时间特征和空间特征，再进行特征融合后得到较为可靠的新冠疫情预测结果。杨成意等[9]提出一种基于图卷积神经网络（Graph Convolutional Neural Network，GCNN）的时空数据学习方法，运用空间模型端对端地学习时空数据。

通过在数据可视化工作中呈现出的地理空间、高铁线路、飞机航线与感染人数之间的正相关关系（红色代表疫情严重、蓝色代表疫情较轻），研究人员采用构建地理－交通信息图的方式将地理和交通信息融入疫情趋势预测，将中国各城市之间的空间分布关系和交通连接关系映射成图（图 10–5），并编码成地理邻接、高铁线路直达和飞机航线直达这三个矩阵，按滑动时间窗口对疫情数据进行切片后构造特征张量，依次分批输入图神经网络中运算，通过反向传播和梯度下降更新训练参数，最后在新冠疫情数据集上显示实验结果。采用的时空数据学习方法具有较低的运算成本和较高的预测精度，尤其在空间特征强于时间特征的时空数据中效果更好。

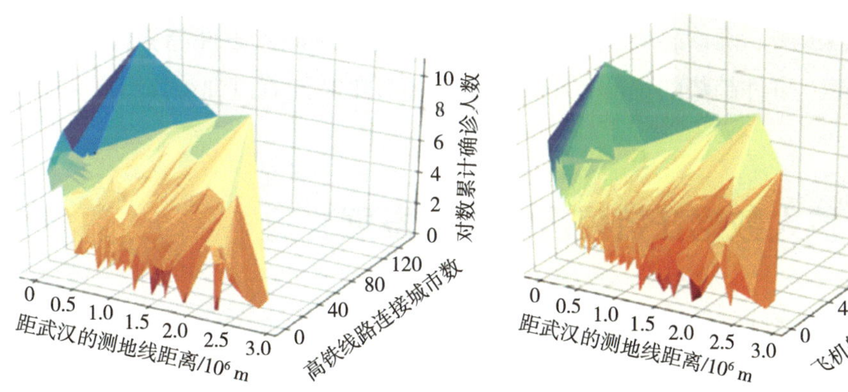

（a）各城市通过高铁到武汉的距离、车站数量与确诊人数之间的关系

（b）各城市通过飞机到武汉的距离、经停城市与确诊人数之间的关系

图 10–5 武汉地理－交通信息图

10.2.2 知识图谱助力新冠疫情趋势预测

Fu 等[10]将知识图谱引入新冠疫情传播趋势预测的工作中，通过检测与 COVID-19 相关的社交媒体流中的事件来跟踪新冠疫情发展趋势，并将这些趋势的统计数据纳入流行病预测模型。该研究通过每天搜索 COVID-19 相关关键词（如 COVID-19、Coronavirus 等），从 Twitter 上随机抽取 1500 条帖子。抽取帖子中的地名、组织名称、人名和关键词作为实体，帖子与实体根据包含关系构建关联，将事件看作是由帖子和实体关联起来的图，对每批帖子进行实体识别；并利用 DBSCAN 聚类算法对每批帖子构建实体 - 帖子共现矩阵进行聚类。在该研究中，每一批次帖子数量为 100，平均每批识别实体数量为 230~260 个、集群数量约为 60 个、离群数量为 5~10 个。通过基于二部图的匹配算法，将每个实体集群（帖子 - 实体关联图）与前一批形成的集群连接起来，形成事件趋势。

采用迭代回归树算法 XGBoost，学习新冠疫情事件与确诊病例人数之间的关联。XGBoost 内部包含大量 CART 回归树，内部正则化过拟合技术确保了模型的鲁棒性、健壮性和效率。同时，在模型中补充 SEIR 传染病类型预测的思想，它包含了病毒（包括 COVID-19）传播机制信息，提取病毒传播预测指标作为特征。事件趋势检测的目的是在 SEIR 模型无法响应紧急事件时弥补其不足，本模型的输入包括原始数据特征、SEIR 模型预测特征和事件趋势特征。原始数据特征包括州（市）、国家（地区）、日期。对于日期，提取月、日并将其转换为数字代码。SEIR 模型预测的特征包括易感预测、确诊感染预测、康复预测和死亡预测。事件趋势特征是要预测当天的 Top 10 事件趋势的集群大小，损失采用 RMSE 计算以训练模型。

10.3 科技大数据在抗疫应用中的发展趋势

针对科技大数据在新冠疫情防控应用中存在的实际问题，从数据、技术、场景三个维度探讨科技大数据在抗疫应用中的发展趋势。

10.3.1 建立与人工智能技术相适配的疫情大数据平台

为了满足科技大数据技术对数据资源的需求，发挥最大应用成效，需要从数据规模和数据质量层面同时着手，构建与人工智能相适配的疫情大数据平台，为科学应对此类突发公共卫生事件提供必要支撑。在数据规模层面，应以国家已建成的各类政务大数据平台为基础，打破数据壁垒，实现疫情防控所需的医疗数据、交通数据、公安数据和社区管理数据的多源融合，为基于科技大数据的各种抗疫应用提供维度完整的海量数据集合，全面呈现疫情防控态势，提高决策部署的科学性与精准性。在数据质量层面，首先，应在存量数据基础上，以尊重个人隐私为前提，建立面向多源异构数据的自动采集机制；其次，由于疫情数据具有多模态、异构性等特征，一般还需进行分类、清洗、集成、规约、脱敏等预处理操作，以提高数据的可用性，而对分析结果精准度要求高的关键数据，还需利用领域专业知识进行标注[11]。

10.3.2　促进新一代信息技术的融合应用

一是通过云计算与人工智能结合，构建一站式智能云平台，形成从底层计算资源到机器学习赋能平台、再到智能化应用服务的完整体系，为数据特征提取、算法训练、图像识别、知识图谱构建提供超算能力；二是通过物联网与人工智能结合，建立智联网生态体系，为大规模社会化协作和智能服务提供有力支撑；三是通过区块链与人工智能结合，重塑信任机制，实现疫情信息的公开透明与不同级别医疗机构间的数据安全使用，提高突发传染疾病应急响应能力；四是通过 5G 与人工智能结合，为疫情防控构筑数字基础设施。

10.3.3　深化和丰富科技大数据在“智能 +”背景下的疫情防控场景应用

在“智能 +”背景下，实现从疫情前的动态预警到疫情中的疾病诊疗和社会治理、再到疫情后的复工复产全场景覆盖，是进一步提升科技大数据和人工智能应对突发公共卫生事件能力的重要途径。

（1）“智能 + 疫情预警”。疫情预警是有效开展疫情防控工作的重要前提。在我国已有疫情监测系统基础上，应进一步融合跨平台、多维度的政府数据、城市数据和社会数据，通过人工智能算法优化与创新，实现对传染疾病来源、传播途径、演化趋势的全方位立体监测与智能分析，及时发布预警信息，做到精准预判与及时发布，为传染疾病早发现、早隔离、早治疗提供重要决策依据。

（2）“智能 + 疾病诊疗”。疾病诊疗是疫情防控中最为关键的环节之一。针对此次疫情中存在的医学难点和遗留问题，科技大数据和人工智能可在以下场景中进行重点突破：一是无典型症状感染者的诊断，可通过深度学习、强化学习、计算机视觉、生物特征提取技术，优化人工智能医疗影像辅助诊断和病理分析方法，提高诊断效率和精度；二是诊疗信息的自动化转录，可利用下一代语音识别和信息抽取模型开发临床智能语音助手，通过机器学习语言翻译模型，将医生与患者间的对话自动转换为文本记录，并快速建立电子病历档案。

参考文献

[1] 刘健，毕强，李瑞．微博舆情信息传播效果评价指标体系构建研究——基于模糊数据包络分析法［J］．情报理论与实践，2016，39(12)：31-38.

[2] 陈建敏，余遵成．涉军网络舆情安全评估指标体系研究［J］．图书情报研究，2018(1)：29-36.

[3] 王高飞，李明．基于 AHP——模糊综合分析的移动社交网络舆情预警模型研究［J］．现代情报，2017，37(1)：41-44.

[4] 刘继，李磊．大数据背景下网络舆情智能预警机制分析［J］．情报杂志，2019，38(12)：92-97，183.

[5] 彭程，祁凯，黎冰雪．基于 SIR-EGM 模型的复杂网络舆情传播与预警机制研究［J］．情报科学，2020，38(3)：145-153.

[6] Xu J，Kim S，Song M，et al. Building a PubMed knowledge graph［J］. arXiv e-prints. 2020.

[7] Lee J，Yoon W，Kim S，et al. BioBERT：a pre-trained biomedical language representation model for biomedical text mining［J］. Bioinformatics，2019(36)：1234-1240.

[8] 余快．疫情之战中的 AI 安防队［J］．大数据时代，2020(2)：38-49.

[9] 杨成意，刘峰，齐佳音，等．面向 COVID-19 疫情预测的图卷积神经网络时空数据学习［J］．中国图象图形学报，2021，26(5)：1128-1137.

[10] Fu X，Jiang X，Y Qi，et al. An Event-Centric Prediction System for COVID-19［C］. 2020 IEEE International Conference on Knowledge Graph(ICKG). IEEE，2020.

[11] 赵杨，曹文航．人工智能技术在新冠病毒疫情防控中的应用与思考［J］．信息资源管理学报，2020，10(6)：20-27.

第11章

科技大数据在智能交通中的应用

从狭义上讲，科技数据是指与科技发明、科技活动相关的文献数据。但伴随数据量的指数式增长以及科学技术的快速进步，数据本身所蕴含的科学价值愈发凸显，科技大数据的外延也随之发生改变，即除了科学文献数据以外，按照不同需求引导的经过加工的数据本身也成为科技大数据的重要组成部分。

科技大数据的发展对人们日常生活中的许多领域产生了深远影响。就智能交通领域而言，科技大数据在表现形式上呈现出区域性、周期性、异构性的特点。通过对科技大数据的剖析，挖掘其在时间、空间维度上的分布特征以及演化规律，对解决城市交通拥堵、优化交通资源配置以及制定交通规划具有重要且深远的意义。

与此同时，科技大数据在智能交通领域的应用也面临着新的挑战。就数据来源而言，智能交通领域的科技大数据汇聚自出行的个体，对个体隐私的保护是对科技大数据的基本要求；就目的而言，交通事业的目标是更好地服务社会和国家发展，构建科学高效的交通体系是科技大数据在交通领域应用的本质目标；就数据分布特点而言，对不同区域、不同时段的协调统筹是科技大数据应用应该具备的特性；就应用形式而言，为了应对交通数据的变化，科技大数据在交通领域中的应用应当是连续的、具有自适应性的。只有切实分析交通领域的特点，科学、灵活地将科技大数据应用在交通领域，才能更好地推动交通事业的持续、快速、健康发展。

11.1 科技大数据在智能交通领域的应用原则

科技大数据在交通领域中的应用应充分考虑其在社会中的目标和影响，同时应该帮助决策者作出科学、高效的决策。本节主要阐述科技大数据在交通领域中应当具备的四个性质，即隐私性、高效性、协同性和连续性。

交通大数据存在着多方封闭自洽、智能算法缺乏统一验证平台、隐私保护法规加剧信息孤岛等问题。同时，在互联网时代，互联网与用户身份认定、出行服务等数据紧密绑定，个人隐私信息被恶意攻击、数据流通交易以及数据资源治理中存在隐私泄露的风险日益增加。因此，实现对交通领域科技大数据的隐私保护，保障乘客交通出行的位置数据隐私是科技大数据在交通领域应用的重要原则。

提升交通运输系统的效率一直是交通建设的目标。在交通系统建设中，高效性可以分为静态和动态两个方面：首先，需要根据交通运输供给侧的运力资源数据和应用侧的需求数据进行合理的资源分配，以提升运输效率；其次，需要对运力和需求的变化有快速反应能力，从而完成快速应对。

协同性是指针对智能交通领域中的区域性、时效性数据进行全局性的资源优化与分配，实现公共交通的排班优化、线路缺陷发现、线路优化以及网约 / 出租车的动态分单、实时调度和共享拼车等，使交通运输任务能够协同顺利完成。

连续性是指针对智能交通领域中的多源异构交通大数据，需要高效统合与利用，从数据关联、信息融合与知识发现三个层面考量，突破异构交通大数据表达与建模、多源时空交通数据一致融合、交通知识图谱学习与搜索等瓶颈问题。

11.2 隐私性在智能交通领域的具体应用

在城市交通领域，随着位置信息服务变得越来越流行，网约车的出行轨迹、服务地点等位置数据可以被实时采集、分析，用于数据挖掘，为交通领域的资源治理提供了数据基础。与此同时，大数据时代的信息技术不断发展，数据隐私问题越来越受关注，如何在数据发布和分析的同时保证其中的敏感信息不被泄露是当前面临的重大挑战。以交通领域中的网约车出行为例，乘客打车的地点、目的地、网约车的轨迹数据都是关乎个人隐私的敏感数据，直接访问这类位置数据可能会暴露乘客的出行习惯、常住地地址等隐私信息。因此，在交通领域实现对数据隐私的保护是科技大数据应用在智能交通中的关键问题。

2006 年，差分隐私（Differential Privacy）[1] 概念被提出，为隐私泄露提供了一个标准的数学定义。近些年，差分隐私已经成为现代隐私保护技术的重要标准。差分隐私的主要方法可以分为扰动和采样两种。对于扰动方案，就是对用户的隐私数据添加噪声，使输出算法满足差分隐私。一些基于查询函数灵敏度的噪声算法，如拉普拉斯机制、随机响应机制、指数机制等，已经成为经典的差分隐私机制。在差分隐私机制中，有一个重要的假设是拥有一个可信的中心服务器。中心服务器收集每个用户的信息，再根据具体查询要求设计相应的差分隐私算法，将加噪的结果输出。然而，在现实生活场景中并不一定总存在一个可信的第三方服务器，因此本地差分隐私的概念在2011年被提出。在本地差分隐私模型中，不要求拥有一个可信的中心服务器，每个用户在自己的隐私数据上可直接添加噪声，满足本地差分隐私定义后再发送给数据分析方。本地差分隐私现已被一些科技公司采用，如谷歌、苹果、微软、优步等已经使用了基于本地差分隐私的技术进行数据分析。

基于差分隐私理论，可以实现对数据隐私的强保护，在不违背智能交通领域中隐私性原则的前提下实现对数据的安全采集、发布、分析。如图11-1所示，基于差分隐私的智能交通数据平台由三个部分组成，分别是面向交通数据查询操作的差分扰动查询设计、面向交通数据挖掘分析的中心差分隐私机制和面向交通数据发布共享的本地差分隐私机制。

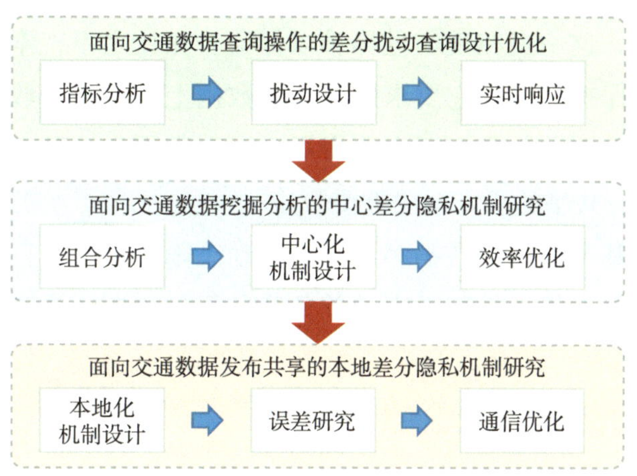

图11-1 基于差分隐私的智能交通数据平台

11.2.1 面向交通数据查询操作的差分扰动查询设计

数据查询是交通数据最为基本的操作之一，但是直接发布查询结果有泄露隐私的风险。依赖简单的加噪算法以及差分隐私的合成定理（顺序组合、并行组合、后续处理)，我们已经可以应对一些基本的查询。然而，交通大数据具有规模巨大、种类繁多、存储异构、实时更新等特点，导致现有的简单差分隐私方法无法对交通数据隐私进行保护。因此，需要针对海量高维的交通数据及多类型的复杂查询设计不同的隐私性评价标准，基于存储异构交通数据下的联合查询设计差分隐私扰动机制来保护查询结果的隐私，并对查询扰动操作进行效率优化，以适应交通数据实时变化需要快速响应的特点。

11.2.2 面向交通数据挖掘分析的中心差分隐私机制

城市交通数据的分析能够为多样化的服务提供有力支持，如频繁序列模式挖掘、机器学习预测算法、分布式计算等多种数据分析手段，但这些算法往往需要迭代、采样、并行计算的支持。对于原始的差分隐私机制而言，为了满足支持这些复杂算法的要求，有可能导致隐私预算快速消耗殆尽，难以兼顾数据可用性和隐私安全。因此，针对城市交通大数据分析的特定要求，必须相应地设计新型的隐私保护机制。

11.2.3 面向交通数据发布共享的本地差分隐私机制

在中心化差分隐私中，用户把原始数据上传到数据收集方，因此要求数据收集方是可信的，这一点在现实世界难以保证。相比之下，本地化差分隐私是一个更强的隐私保护手段，它要求用户在将数据上传给数据收集方之前就对原始数据进行扰动，因此收集方不会获得用户原始数据，这种方法对于交通数据向不可信方发布与共享的研究至关重要。

综上所述，基于交通大数据多源异构、动态随机、规模巨大的特点，设计兼顾隐私强度、轻量级、运行效率的差分隐私保护机制，在不影响数据可用性的前提下大大减少隐私消耗，是实现智能交通领域中的隐私性原则的关键技术。

11.3 高效性在智能交通领域的具体应用

高效的城市交通系统不仅是城市建设的重要组成部分，更与我们日常生活出行息息相关。以往城市交通常见出行方式有地铁和公交等公共交通以及私家车和出租车等。近年来，以“滴滴出行”为代表的网约车共享出行平台则瞄准城市中存在的大量闲置私家车资源，通过快车、拼车和顺风车等方式，不仅更加智能地将居民出行需求和城市运力供给匹配起来，同时还促进了出租车行业运营效率的提高，实现了对社会闲散资源的再利用。然而，随着我国城市化水平日益提升，居民出行需求也日益旺盛，在部分规模较大城市，打车难问题仍然存在。尽管网约车平台本身已提升了城市交通运输资源的利用率，然而其内部对资源的分配利用效率仍存在提升空间。那么，如何实现对有限运力资源的高效配置，成为提升平台运营效率和缓解打车难必须解决的问题。

网约车平台面对的资源配置问题核心是根据供给侧的司机数据与需求侧的用户订单数据，为发起用车请求的用户匹配相应的司机。而在利用司机与订单的交通大数据解决该核心问题时，从解决方法到解决目标均需满足高效性的要求。从用户发出订单开始，平台就需要尽快为用户分配司机，否则容易导致用户等待时间过久而取消订单，这要求平台对数据进行高效快速的分析计算，在几秒的时间内快速得出分配结果。同时，为保障网约车平台司机的利益，维持网约车平台持续运转并缓解打车难问题，要求平台在为用户分配司机时，不是简单地选取最近的司机实时分配，而要考虑全局的供需问题，以实现对运力资源的高效利用。针对以上高效性在网约车平台的落实应用，下面具体介绍网约车平台资源配置问题，即从问题建模到传统组合优化方法，再到结合强化学习的解决方案的探索过程。

首先介绍对网约车平台资源配置的问题建模。该资源配置问题本质是任务分配问题（简称分配问题）[2]，旨在把特定的任务分配给特定的参与者，以达成最大化地完成任务总数等目标。它在人类社会生产生活中存在广泛应用，如工厂为工人分配工作、外卖与物流平台为递送员分配餐点与包裹、医院为器官移植患者匹配捐献者、房屋中介为客户分配房源、门户网站为广告位分配广告，等等。该问题通常被建模为二分图匹配，如图 11-2 所示。二分图两边的顶点代表了任务和参与者，在网约车平台案例中，提出订单的乘客即为二分图中左边一列的结点 P_1、P_2、P_3，而等待分配的司机即为右侧结点 d_1、d_2、d_3。边权代表匹配所产生的效益，最优目标是使匹配总效益最大化（当边权为 1 时，等价于匹配总数最大化）。

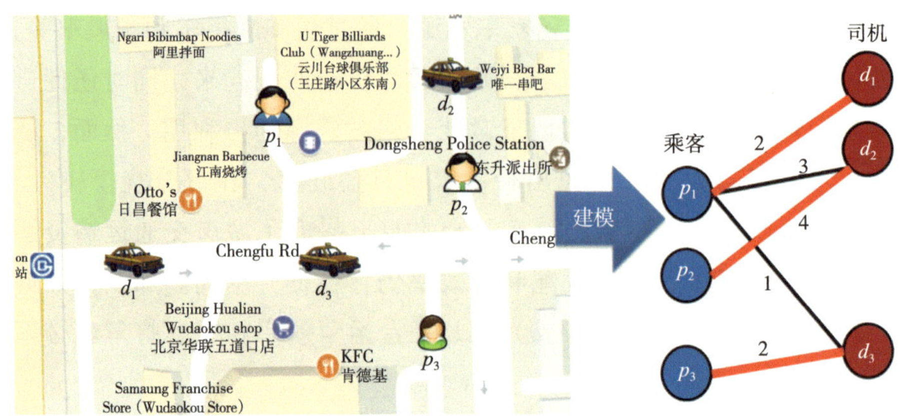

图 11-2 二分图匹配的问题建模方法

该经典问题在组合优化领域已有成熟的研究工作，早在 19 世纪，德国著名数学家雅可比（Carl Jacobi）就已提出求解该问题的增广路径算法思想。目前公认的该问题经典解法当属美国著名数学家哈罗德·库恩（Harold Kuhn）于 1955 年提出的匈牙利算法（The Hungarian Method）[3]，算法名来源于早期研究此问题的两位匈牙利数学家先驱。匈牙利算法之所以表现优异，是因为在过去的小规模静态场景中，图结构完全已知且不会发生改变。但真实应用场景往往更加复杂，例如在网约车平台应用中，订单一般按次序动态出现且无法提前精准预测出现的时间与地点，因此难以用匈牙利算法这样需要提前输入所有订单信息的离线方法求解；且在网约车平台中，网约车司机也可以自由选择工作上下线时间，因此导致在网约车平台中，该二分图的左右两列点均是以未知次序动态出现的。传统的组合优化方法无法满足网约车平台大规模动态数据下的兼具高效率与高效果的求解。

针对该大规模共享出行应用中的复杂问题，滴滴出行在国际知识发现和数据挖掘竞赛（KDD CUP）上主办了任务分配竞赛，来自北京航空航天大学的第四范式联合团队夺得冠军，该团队提出了将强化学习与传统组合优化相结合的方法，如图 11-3 所示。传统的组合优化方法无法自适应地处理司乘双方供需的动态变化，并且忽略了其中的时空依赖关系。换言之，算法的每一次匹配决策都会导致未来供需分布产生变化，从而影响下一次决策。例如，如果在上午 8 点把所有处于市中心的司机都匹配给出行目的地为郊区的订单，那么在 9 点出行高峰时段，市中心可能会出现车辆供不应求的情况。因此，该研究在传统组合优化算法中融入了强化学习策略来预测每个决策产生的供需分布变化情况。

该算法框架主要由两个步骤构成——强化学习价值预测与组合优化分配决策。具体而言，针对每2秒时间窗内待匹配的订单与司机，算法首先采用强化学习预测某个区域内订单和司机的价值，它间接表示匹配决策对未来供需分布的影响；接着，算法将该价值反映到二分图边权上，并沿用组合优化算法进行匹配决策，把结果反馈给平台，如此循环往复。该算法将强化学习与组合优化方法相结合，不仅保证了算法的快速高效运行，更优化了司机的分配结果、提升了运力资源的应用效率，缓解了供需落差问题。

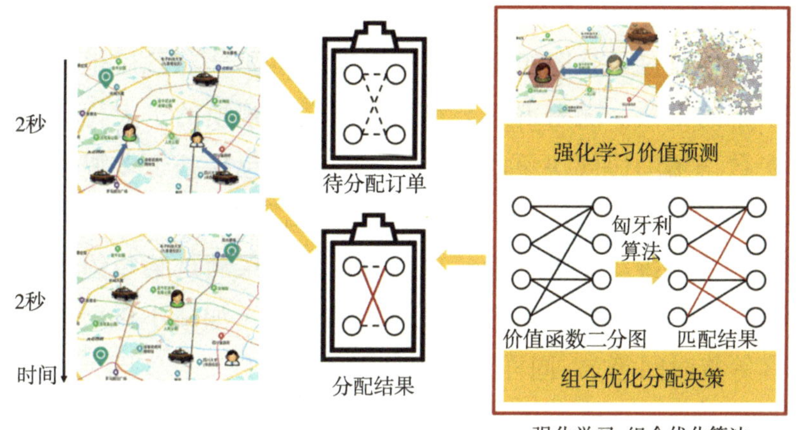

图 11-3　强化学习 + 组合优化任务分配算法流程

不仅是网约车共享出行平台，交通运输系统的方方面面都有对高效性的追求。例如，使用城市公共交通大数据规划公共交通线路与班次等，以实现公共交通系统的高效运行；根据全国轨道交通大数据分析设计轨道交通网的发展规划，实现城际交通的高效速达，等等。因此，高效性是指导科技大数据在交通领域应用的重要原则之一。

11.4　协同性在智能交通领域的具体应用

协同性可以看作是在高效性的基础上对群体资源进行全局性的再优化与分配，使群体能协同达成目标，是智能交通中十分关键的一步。如果缺少协同决策，通过激励机制自组织在一起的群体只会是一盘散沙，无法实现资源的最优化配置。不同于传统的资源配置与决策算法，在群智协同决策中，智能体能力不一、任务多样且难度不同，无法用传统方法来简单建模。此外，如何提供自适应、强鲁棒性的持续决策也成为新的问题。

目前，在共享出行中最普遍的两种协同决策方式是订单派遣与路线规划，其现有研究多数来自时空众包中关于任务分配算法的研究。首先，订单派遣即由平台通过特定的分配算法将每个订单派遣给指定司机，以期达成诸如最大化成交率和用户出行体验等优化目标。该问题可被建模为最大化或最小化加权二分图匹配问题（图 11-4）。早期基于静态离线场景下的求解方法往往忽略了真实应用中群体的动态性与边界的开放性特征，2016 年 Tong 等首次提出了使用在线双边加权二分图匹配模型来建模该问题[4]，此后也有类似通过组合优化来求解的方法。随着群智环境的复杂化与规模的扩大化，后续开始出现依靠历史数据辅助协同决策的强化学习算法，包括基于多智体强化学习的大规模订单派遣算法。其次，路线规划是共享出行中另一类典型应用——拼车的核心问题，旨在拼车业务中为每位司机规划一条满足某些约束条件的路线（如乘客容量约束），从而实现最优化特定的目标（如最小化司机行驶距离或最小化乘客等待时间等）。同样，由于静态场景难以契合实际，近年来主要关注动态场景的研究，而动态场景的问题求解效率成为其一大挑战；多数工作都致力于优化其核心操作（即插队操作）来降低时间开销。

然而，上述的研究仅针对单个司机进行优化，而忽略了多位司机间可能存在的协同或冲突问题。为了提高决策算法的协同性以及保证在大规模群智环境中的算法运行效率，还需进一步研究基于群智数据面向公共交通和网约 / 出租车

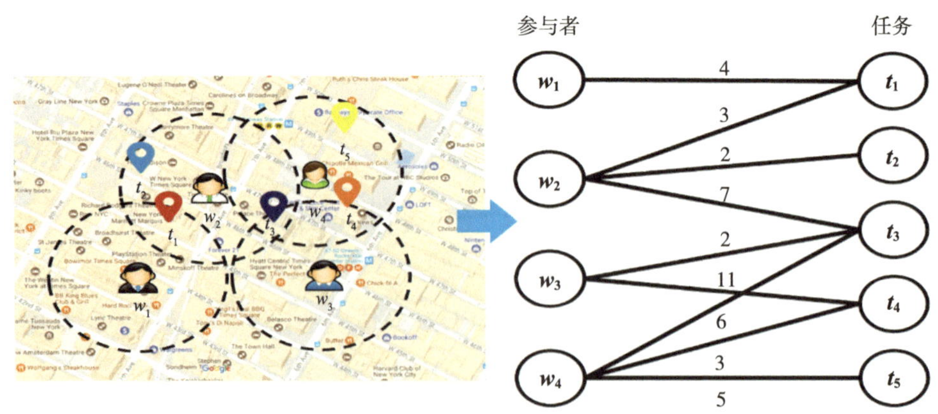

图 11-4　订单派遣问题的二分图建模方法

的交通资源优化协同理论和方法，具体包括以下几方面研究。

11.4.1 群体出行行为感知理论与方法

群体出行行为感知是实现智能交通的基础，为交通资源优化配置提供全方位的数据基础。因此，具有协同性的智能交通系统需要研究群体出行行为分类、群体出行需求感知以及群智数据感知的方法。

群体出行行为分类方法：基于海量多源异构数据，利用数据融合技术，面向综合交通运输方式，综合考虑出行特征、出行方式、出行目的、出行时间和居民的个体特征（如社会经济特征、所处的社会政策特征等）及多人结伴特征等出行行为因素，研究群体的多模式出行行为分类方法，实现多维度、多粒度的群体出行行为分类。

公共交通的群体出行需求感知方法：可从实时的公共交通刷卡数据挖掘以及实时的群体出行行为预测两个方面进行研究。基于海量、真实的用户历史出行数据和上述的群体出行行为分类方法，利用多源数据融合，研究基于出行链的公共交通群体出行需求感知方法。另外，可基于群智数据的反馈，进一步调整需求预测模型，从而使群体出行需求的预测更加准确和可靠。

面向网约/出租车的群体出行需求感知方法：可基于海量多源异构数据，利用机器学习方法，研究综合考虑常发性需求和非常发性需求两种情形的群体出行需求感知方法。在常发性需求情形下，基于出租车轨迹、上下客记录等信息，研究训练需求预测模型的方法，以估算社会活动增加对交通的影响。在非常发性需求情形下，拟通过检测对日常模式扰动的事件，考虑事件在路段上的影响，研究推断人流增量、事件规模以及交通拥堵增加与事件规模之间的关系的方法。

11.4.2 交通群体智能激励理论与方法

根据群体出行行为规律及其演化特点，探究各类出行群体内部与彼此间的博弈机理，研究面向服务体验最优化的激励控制模型，鼓励更多的人参与群智行为感知与自主服务，调动参与者的积极性，提高服务质量。

交通群体服务质量的评估方法：竞争性的协同开发是群智行为感知与协同服务的主要途径，在这种存在竞争关系的感知与服务过程中，用户的经济水平、喜好、能力是不同的，出行的目的是多样化的，对出行服务的要求也是不同的。

如何在满足海量人口差异化出行需求的前提下，综合质量、信誉、奖励等因素，实时分析和评估服务质量，进而优化资源分配和调度决策，是需要解决的关键问题。

交通群体之间激励理论与方法：交通群智行为感知与自主协同服务的激励机制通常既需要针对多个交通出行群体进行设计，又需要考虑每个群体内部彼此的竞争和参与。因此，如何针对多个交通出行群体进行行为感知服务和博弈建模，并根据其协同服务质量对不同交通群体中的参与者设计合理的付费激励（如定价问题）或非付费激励（如积分奖励问题）机制都是亟待解决的科学问题。

交通群体内部激励理论与方法：如上所述，即使针对一个交通出行群体内部，如何提出合理的激励模型以鼓励动态出现的参与人进行行为感知和自主协同服务，并设计高效的激励算法进行精准和近似的求解与规划，都是亟待解决的科学问题。

11.4.3 交通资源自优化协同理论与方法

针对需求的不确定性、行程时间的不确定性及司机对系统调度指令服从的不确定性，基于群智数据，研究交通资源自优化配置模型，主要包括两个方面内容。

一是基于强化学习的动态群智任务配置方法。基于上述群体出行行为分类方法和群体出行需求感知方法，考虑大量网络用户的出行状态、交通网络出行现状、诚信程度、众包任务参与者与众包任务的属性特征以及属性特征间的相关关系，拟研究一种针对不同出行状态用户的任务分配方法，以实现为不同类型的众包参与者配置恰当的众包任务。

二是基于群智数据反馈的路网资源供需平衡控制方法。基于群智学习演化，研究通过群智反馈和滚动式的动态调度策略使供 - 需差距尽可能小的方法。另外，面向公共交通和网约 / 出租车这两种系统的反馈控制，还存在时间维度不一致的问题。

11.5 连续性在智能交通领域的具体应用

连续性是智能交通领域的一大特点，针对交通大数据多源多领域交叠、数据异构庞杂、多尺度高时效性、强随机性和噪声干扰等问题，将交通信息处理的研究内涵从传统的“数据空间”扩展到“交通数据－物理空间”，通过在新的数据－物理空间中数字化重构交通系统，实现人、车、路、事件以及环境等交通相关数据的耦合关联、互补增强与知识利用，以形成独有的时空依赖关系。对于智能交通领域的连续性，可开展面向数据统一表达关联的交通大数据表达理论与建模方法、面向信息一致融合增强的交通数据时空一致性融合与质量增强，以及面向知识高效利用的大规模交通知识图谱学习与深度知识搜索研究。已有成果将为利用交通大数据进一步深入开展交通规律发现、交通系统调控以及交通出行服务技术研究与应用提供高效数据引擎。

11.5.1 多源异构交通大数据的表达与建模

针对交通网络系统多层复杂、动态随机的特性，结合复杂网络与认知网络理论，研究支持认知计算的交通系统数据模型以及多源感知下的交通系统网络认知学习方法。

支持认知计算的交通系统数据模型：拟构建分层弹性的交通系统网络模型，通过物理道路网络、规则语义网络、行业运输网络、数据感知网络的形式化表达，在“交通数据－物理空间”中数字化重构支持认知计算的交通系统；并通过研究分层网络要素动态关联的数据模型，实现交通系统网络结构复杂本征的弹性表达。

多源感知下的交通系统网络认知学习：首先通过动静态交通数据加载，动态感知分层交通网络的内外部环境；其次通过计算考虑事件影响下的网络规则有效性、连通性、可达性、脆弱性、通行能力匹配度等指标，构建数据支撑下的交通系统网络的认知评价体系；最后研究如何利用机器学习等方法来决策最优的网络结构更新策略，以实现网络结构自感知—自评价—自更新的闭环认知学习进程。

11.5.2 交通数据时空一致性融合与质量增强

在多源异构交通大数据表达理论与建模方法研究的基础上，针对动态交通感知数据可能具有的多源、异构、高维、稀疏等特点，研究时空交通数据的特征提取、信息融合、质量评价与增强方法。

时空交通数据特征提取与质量增强：研究不同粒度下高维交通数据低维特征

子空间映射方法，利用聚类方法提取交通状态特征并进行离群点和噪声识别。此外，鉴于交通数据的高维属性以及在应用张量分解过程中潜在的非凸优化问题，研究稀疏交通数据进行快速、有效修复与填补的方法，从而提升稀疏数据质量。

多源交通数据一致融合方法与技术：数据驱动融合方法可利用各类模糊或精确的数据，但产生的信息不够立体；而模型驱动融合方法可产生全方位的交通流参数，但需要比较精确的数据。针对上述模型特征，需研究数据与模型混合驱动下的多源交通数据一致融合方法，并针对其中的动态互校准优化问题设计高效的求解算法。如图 11–5 所示。

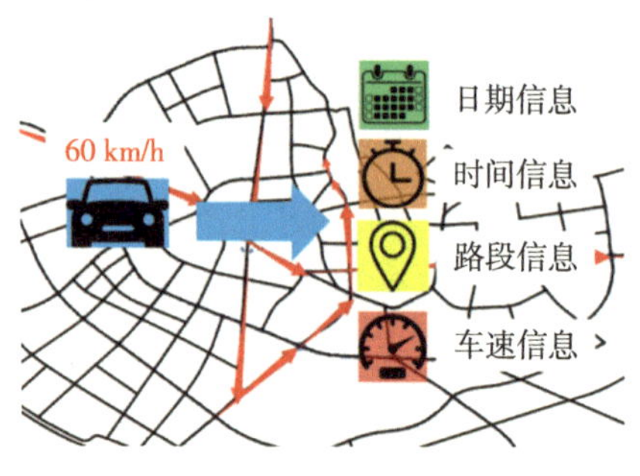

图 11–5　多元交通数据融合

时空交通数据多目标质量评价：研究时空交通数据的可用性评价体系，结合交通系统网络规则，重点研究交通大数据一致性、精确性、完整性的表达机理；研究面向交通管理、控制、规划等多类应用目标的时空交通数据可用性判定模型与算法，实现对原始数据、修补后数据、融合后数据等各层次交通数据与信息的多目标可用性质量评价。

11.5.3　数据驱动的大规模交通知识图谱学习与深度知识搜索

在数据统一表达和信息融合增强的基础上，针对以信息为载体的交通知识具有分散、异质、隐性、庞杂的特点，研究基于知识图谱的交通知识生成与组织、学习与搜索。

交通语义规则下的知识图谱动态构建：研究如何依据交通语义规则从融合增强后的交通大数据中提取交通对象实体以及实体间的关联关系，构建千万级实体规模的交通知识图谱，并实现新数据输入下的图谱动态更新。

隐性高阶知识发现：基于交通知识图谱，结合关系超边理论，研究交通知识图谱超网络的构建方法，以合理表征图谱中对象的高阶关系；研究超图结构下的实体与超边低维量化表示方法，实现对该研究对象的可计算，从而结合统计分析与机器学习算法发现隐性高阶知识。

基于需求理解的深度知识快速搜索：研究查询需求的图形式表达方法，实现用户需求的直接式准确表达；针对查询需求的多义性，研究“以图搜图”中模糊匹配的图搜索算法；针对图谱体量庞大的特点，研究在超算并行计算框架下的并行搜索算法，以实现从海量图谱内容中快速提取契合用户搜索需求的交通知识。

11.6 本章小结

科技大数据的兴起是数据科学发展的结果，而交通领域的科技大数据是交通演化规律的客观体现和实现载体。只有在充分考虑交通领域自身的时空特性和演化特性，同时遵循隐私性、高效性、协同性和连续性原则的基础上，对科技大数据进行分析和挖掘，才能科学合理地构建跨区域、多模态的现代城市交通系统。科技大数据在智能交通领域主要面临两方面挑战。

一是智能交通对强实时性的要求。智能交通系统的智能主要体现在对实时变化的情况作出合理、正确的应对，在面临突发事件时能够作出合理反应，因此对科技大数据的分析与挖掘方法提出了较高的实时性要求。

二是智能交通对前瞻性的要求。交通系统的智能性另一方面体现在对还未发生的事件的预测上或是对未来发展趋势的估计上。如果能够根据科技大数据得到较好的预测结果，则对后续决策有良好的指导作用，因此对科技大数据分析预测提出了较高的要求。

参考文献

[1] Cynthia Dwork. Differential Privacy [J]. ICALP，2006(2)：1-12.

[2] Burkard R E，Dell'Amico M，Martello S. Assignment Problems，SIAM，2009.

[3] Kuhn H W. The Hungarian method for the assignment problem [J]. Naval Research Logistics Quarterly，1955，2 (1-2)：83-97.

[4] Yongxin Tong，Jieying She，Bolin Ding，et al. Online mobile Micro-Task Allocation in spatial crowdsourcing [J]. ICDE，2016：49-60.

第12章 科技大数据在文献情报中的应用

12.1 科技大数据与文献情报概述

文献是新生知识的一种载体，随着人类社会发展，文献也随知识的增加而不断积累。文献情报，狭义上说就是图书文献和情报信息；广义上说就是“信息”，也有把文献情报解释为“文献中的情报信息”，指对图书、期刊、报刊、专利等公开发行的文字资料进行情报分析的工作。文献情报工作是科技创新非常重要的基础性工作，支撑着科技创新的文献情报服务。从课题研究前期查询资料、评估课题可行性到及时了解领域最新动态成果，从获取领域技术发展脉络到拓展研究思路，从分析特定领域的发展现状到决策未来发展方向，从分析技术发展趋势到提升科技竞争力，都离不开文献情报工作。

传统的文献情报工作是通过人力查阅文献，需要耗费大量的时间和资源，特别是在当今高速发展的信息社会，知识产生速度变快，新增文献速度也会提高，载体转变为数字形式的文献，传统查阅方式已不再满足时代需要。

大数据的技术特点为文献情报服务的信息检索采集、信息集成、信息分析及深层次挖掘等提供了新的支撑，使创建数据驱动型知识发现新模式成为可能。作为支撑科技发展的耳目、尖兵和参谋，文献情报需要通过知识分析和知识发现服务提供及时、全面和精准的情报服务。为应对大数据时代的巨大变化，迫切需要发展新的数据驱动型情报研究模式，提高情报研究和咨询服务的质量。

在大数据时代，文献情报的研究对象一般是结构化程度较高的数据，包括数字形式的期刊论文、专利数据、科研成果、研究报告、项目数据等，情报研究重点在于获取数据、整理数据，选择合适的研究方法，再应用合适的技术进行分析挖掘，主要过程如图 12–1 所示。在文献收集和元数据抽取阶段，如果分析对象过大，则有必要应用大数据技术进行处理，如进行引文分析和共现分析等，以提高分析效率。

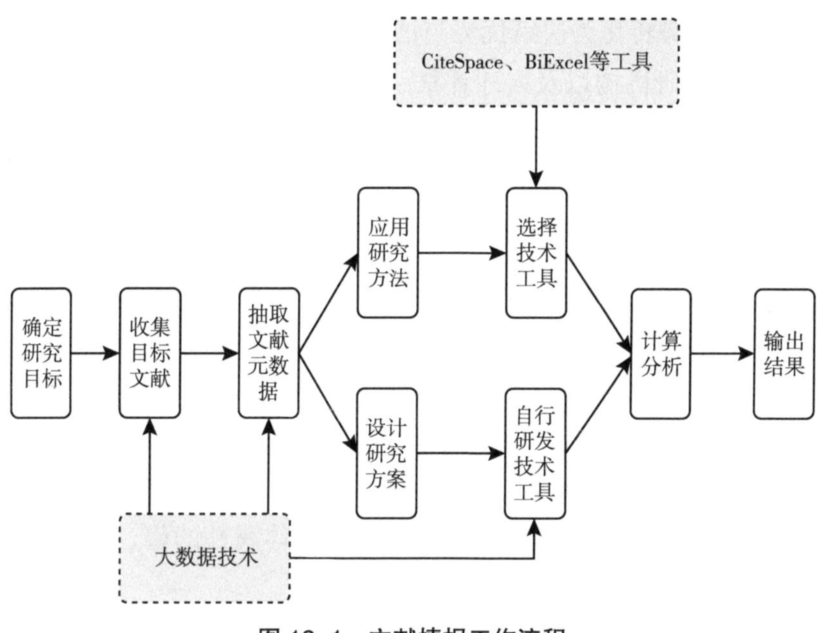

图 12–1 文献情报工作流程

12.2 科技大数据在文献情报中的具体应用

大数据时代的文献情报工作仍包含但不局限于数字化文献，随着网络化和数字化进程的推进，基于开放网络的、动态的、可增量的文献数据，包括开源科技知识库、以博客和微博等为代表的新型学术社交网络等都是新时代文献情报的研究范畴，而这些数据也将赋予文献情报更深更广的研究价值。发挥多源数据的优势，构建全领域跨库异构的科技信息大数据，打通并整合好这些数据，成为科技情报服务的基础。

围绕知识的理论方法与技术研究在情报学或情报研究中一直占有很重的分量，在构建科技信息大数据以后，其首要任务就是从各种类型的科技数据和信息资源中获取知识元，并使用某种形式正确、完整、无歧义地表示知识元及其语义关系，也就是获得知识，作为后续知识融合的输入。如何从非结构化数据中快速地获取知识，并把知识表示成计算机可以理解、推理的本体，与深度学习等智能算法结合起来，已经成为智能情报发展的关键。情报领域的知识服务主要从知识获取、知识整理、知识重组、知识分析、知识关联、知识咨询等角度，将知识资源优势转化为决策优势与情报竞争优势，助推行业情报知识导航、学科体系构建、科研机构以及人才评估、竞争情报动态链揭示、科研趋势与研究方向跟踪。在这一系列以知识为核心对象的技术体系中，知识抽取是构建知识图谱，为后续科技情报知识计算、结合应用场景数据处理的关键基础。

在采集开放网络的原始科技数据之后、进行科技情报知识图谱分析之前，关键的前提是要进行数据的结构化处理，要求能够对互联网中的科技情报实体（如人物、机构）和属性信息进行抽取。基于架构复杂的开放数据页面，可基于统计或者规则配置的抽取方法进行基础的实体抽取。但由于页面架构的庞杂性，部分学者提出了根据目标实体属性（或称目标属性）在训练文本集合中出现的频率，自适应地选择不同的实体属性抽取方法，如选择基于规则的方式或者基于统计的方式从所述候选文本集合中抽取目标实体属性的值，能够有效提高实体属性抽取群确率。

在进行知识图谱构建过程中，在抽取实体和属性后，需要进一步对关系进行抽取。例如，通过建立具有可学习的时间编码方法（LTE）的动态关系抽取模型，充分参考时间维度的特定对关系进行抽取，在 LTE 中引入键值存储网络，以识别特定时间的实体对之间的关系。

在对数据中的实体、属性、关系等信息进行抽取后，需要对知识图谱进行向量化的统一表示，以作为后续知识引擎计算的基础。现有基于翻译方法的图谱表示学习方法因为通过预先定义损失函数，可能导致实体的表示大都由少量的特定候选实体决定，且方法在不同图谱上的表示均由相同的候选边距决定，导致方法忽略了图谱上的局部特征。针对上述问题，有学者提出了局部自适应的图谱表示学习方法，具体通过定义面向实体的表示距离和面向关系的表示距离，提出融合实体和关系表示的最优边距；定义最优边距自适应变化的目标函数，使方法能够学习图谱在局部的结构特征。

科技文献情报用户的需求不仅限于论文、专利等传统的科技文献信息，政策文本、领导讲话、热点主题、科技动态、社会需求等都是影响情报用户需求的因素，每个因素有多种数据的支撑，不同的数据分布在不同的来源或渠道上。在数据时代，快速准确地获取多源数据成为许多工作的基础与前提。由于科技行业的特殊性，其对国际上的流行趋势需要重点关注，这就要求关注不同视角的反映不同国家或领域的相关信息，并把这些数据融合汇聚在一起进行相关分析，可以相互交叉印证与补充完善，从而更全面地揭示事物联系，为实力对比与评估、竞争环境扫描与态势分析、战略机会的选择与拓展提供有力的数据支撑与决策参考。不同数据源之间如何关联映射，异构数据之间如何统一揭示与加权分析，数据融合中所产生的数据冲突、数据遗失、数据重复等问题都需要解决。如何围绕主题或情景构建一个多源异构的数据资源，涉及一系列的技术问题。

英文作为一种国际通用语言，使用英文的顶级权威论文量十分庞大，想要了解国内与国际的研究趋势和差距，就有必要打破中英文语言之间的壁垒。所以在构建文献库时，需要将中文与英文论文同时加入并构建其深层关联，有利于更加全面地了解国际和国内的科技态势，为新兴技术监测、科技创新发展提供依据。通过对中外文献打通领域标签，可以深入发现不同语言文献之间的联系，从而为它们建立统一的标签体系，以便完成查询检索及深入分析。

在为中英文数据打标签过程中，首先需要对文献中的文字进行分词处理，但是在科学技术快速发展的当下，不同学科、不同领域的技术名词也在不断涌现，这些技术名词常常是这些学科、领域的关键字，传统的分词无法实现理想效果；并且当涉及跨语言查询问题时也会出现问题，因此需要不断优化中英文领域标签库，结合实时动态的词库，形成中英文对应关系及对应的关键词列表，并归类到领域中去。其流程如图 12-2 所示。

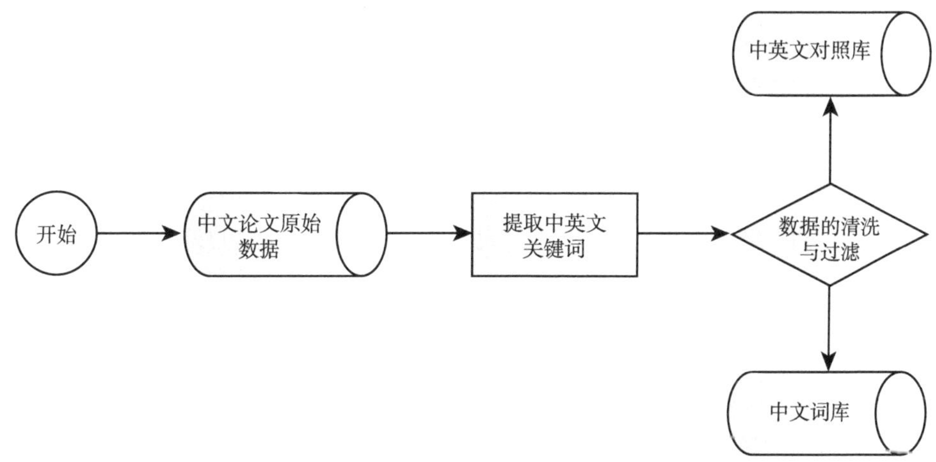

图 12-2　中英文数据融合流程

在文献情报服务过程中，当面对新兴领域或者冷门领域时，通常无法快速掌握特定领域的知识信息，同时由于科技大数据具有规模大、多源异构、更新快、跨语言、跨领域等特点，也无法预先生成这些领域的相关知识。当需要面向新的领域形成服务能力时，需要能够借助已有的领域知识数据快速地与新领域数据进行融合。针对不同类别数据构建集成类别体系匹配器，将现有的类别体系匹配器集成在一起，通过提供统一的评价机制，对多个独立的匹配器进行整合、调用、控制和优化利用，不断提升融合效果。

目前，大部分科技文献（如知网、万方、维普等）平台都能够通过作者进行检索，检索出所查询作者发表的文献信息。在这种情况下，作者姓名的准确性就显得尤为重要。但是在现实情况中通常会出现以下两种情况。一是同一作者发表的论文作者姓名可能会以不同的方式进行呈现，如作者真实姓名叫作“张三”，可能在某些外文文献中是“San Zhang”，同时也可能会以缩写的方式呈现，如“Zhang S.”。二是不同作者重名的情况，如不同机构的两位作者同叫“李四”；或者一位叫作“王五”，另一位叫作“王吴”，在一些外文文献中作者的名称结果全为“Wu Wang”。

以上两种情况都对文献检索以及后续针对人才的情报分析（建立人才画像）等工作造成了很大困难。在现有系统中，很多论文搜索引擎都是直接针对字符串匹配进行检索查询的，随着数据量的增大，检索出来的结果很大程度上不能保证其准确性，大多数情况下都需要人工甄别。随着对文献情报、专家画像、文献检索准确性要求的提高，出现了很多对文献作者的消歧方法。

传统的办法从机构、关键词、出版信息等维度进行匹配，若同名作者如果所在机构相同、研究关键词重合度高，可认定为同一人。随着数据量的增长、专家数量的持续增长，这些传统方法导致筛选出的论文越发的杂乱无章，后期需要研究人员进行长时间的甄别，严重影响研究效率。

通过提取论文中的论文名称、作者机构、作者领域并围绕作者名称建立关系网络，当对论文作者进行消歧时，通过对论文作者名称的匹配，并结合关系网络中的作者机构、作者领域，能够有效解决论文中相同人名但对应不同实际作者的情况；另外，通过结合论文名称匹配当前待消歧作者合著者，并再次匹配作者合著者的合著者，能够有效解决同一实际作者有不同人名写法的情况。

关键属性关系网主要是通过收集论文中的关键属性并通过它们的相关关系形成关系网络，其中关系网络中的实体节点主要有作者名称、作者机构、作者领域、论文名称。作者之间通过论文名称、机构、领域三个维度进行聚类，分别形成了论文合著者之间的关系网、同一机构的关系网、同一领域的关系网，最终形成论文关键属性的关系网。

图 12-3 为关键属性关系网的一个示例图，其中 N 代表作者名称、F 代表领域、O 代表机构、T 代表论文名称，通过节点之间的关系形成关键属性关系网。

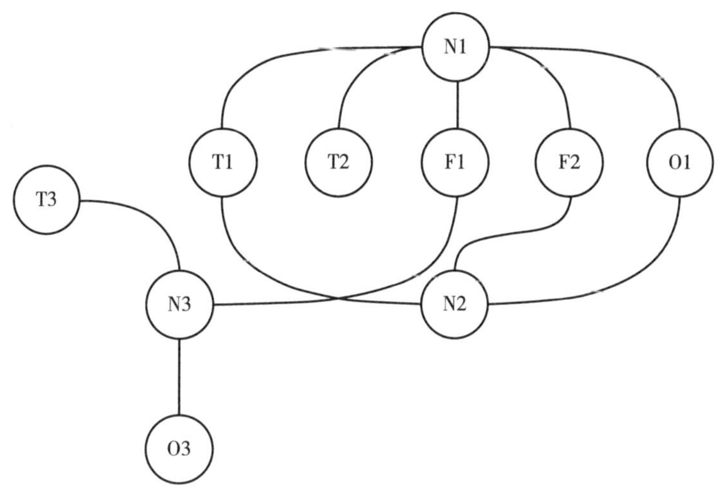

图 12-3　关系属性网示例

科研绩效评价是评价科技主体、科研专家、科学技术发展的有效手段。科研评价是一个分析人才、机构、技术发展和结果以及讨论这些结果的过程，其中，人才评价是衡量科研工作成效的重要工具，是发现新兴人才的重要手段；机构评价是评估企业发展、高校学科建设等的方法，是通过对标竞争对手发现自身不足、锁定未来发展方向的手段；技术评价作为早期诊断技术变革和其潜在的发展工具，可为有效的科学决策提供判断依据，促进科学技术资源优化配置，是推动国家科学技术事业持续健康发展、提高科学技术管理水平的重要手段和保障。

评价通过采用科学的方法，基于科技大数据，从各个角度系统地对人才、机构、技术进行综合评价。同发达国家相比，我国的评价工作一般是基于科技管理的，大多数已有体系都是通过专家判断去确立体系，其评价结果取决于专家的经验与专业能力。但采取专家评分的方式易受主观因素影响，从而影响最终的评价结果；而且评价的数据来源较为局限、评价的指标较为单一，缺少多维集成视角的技术评价方法体系。在大数据时代，如何从海量的科技数据中敏锐判别技术的价值演变，是互联网时代技术评价的新难题。

评价体系构建的根本目的是将评价结果定量化。文献情报中基于文献计量法的评价指标（表 12-1）是定量化指标，是建立综合评价体系的基础，但这些指标分类与体系庞杂，如何科学规范地建立评价体系难有定论。

表 12-1　常见评价指标举例

	一级指标 A	二级指标 B
技术综合评分	新兴度	E-score
	成果量	论文数
		专利数
		项目数
	影响力	论文价值
		专利价值
		项目价值
	投入度	专家数
		机构数
		国家数
	关注度	顶级科学家关注度
		顶级机构关注度
		科技先进国家关注度
	合作率	专家合作率
		机构合作率
		国家合作率
	交叉度	他引率

当前国际上尚未有对技术综合得分很好的评定标准，如何合理选取分项指标并进行加权得到一个非常好的综合性评分，一直是一个棘手的问题。

层次分析法（Analytic Hierarchy Process，AHP）是一种简便、灵活而又实用的多准决策方法，它将定性和定量分析相结合，把复杂问题逐层进行分解并形成层次结构，将人的思维用数字的形式表现出来。使用层次分析法进行科研评价的步骤一般如下：通过对高校学科学术水平评价中多个要素的分析，确定各要素之间的关系，并建成具有递阶层次结构的评价体系；通过构造两两判断矩阵并进行一致性判断，计算出每一层次全部因素的相对权重；利用各层指标的相对权重，计算评价体系中各指标的合成权重；基于上述权重计算，构建高校学科学术水平评价模型。这种方法在实际评价中得到了较广泛的推广和应用，但是随着新时代人工智能技术和大数据技术的发展，灰色系统方法、人工神经网络方法、物元分析等方法纷纷被引入评价方法的研究领域，评价理论和方法得到迅速发展。例如，利用基于监督算法的集成多维指标评价方法，通过权威排名、训练学习各个评价指标的可信度和权重，最终得到训练模型，作为评价指标体系。

知识图谱具有直观、定量、高效和知识发现等诸多优点，将这一信息可视化利器引入科技情报研究中，可以帮助情报研究人员以全新角度对海量信息开展分析，从中挖掘隐含的规律和不易觉察的事实，部分地克服传统情报研究易受分析人员主观判断影响、难以应对海量数据、不易挖掘深层次知识、情报人员主题领域专业知识欠缺和成果展示方式单一等缺陷，通过直观、形象的可视化方法展现研究领域的整体图景、结构特征与发展态势，大大提高情报研究的客观性、可靠性和有效性，优化科技情报服务效果。然而，知识图谱这一新兴工具引入国内的时间还不长，目前在我国科技情报研究中的应用还非常有限，仍需探索其在情报研究中应用的独特模式。

知识图谱绘制中最常用的分析单元有文献、期刊、作者和语词，此外还有学科分类号、作者机构、作者国家等，每个分析单元反映了研究主题的不同侧面，都需要进行不同类型的分析，采用任何单一的文献计量学分析策略都无法全面反映某一领域的研究活动。因此，在知识图谱绘制过程中，可以根据研究目的选择不同的分析单元及分析视角开展互补性分析。

文献（论文、专利等）是知识图谱绘制中最常用的分析单元，对文献的分析方法主要包括文献耦合分析与文献共被引分析，它们都可以用来分析研究领域的知识结构及其变化，二者的区别在于文献耦合是一种静态和回溯性的关系，共被引则是一种动态和展望性的关系，文献共被引关系及强度会随时间发生从无到有、从弱到强的变化，因此共被引分析在进行历时性研究方面具有更大的优越性。文献共被引图谱常用于分析某个研究主题的知识基础、结构、前沿及演化。对期刊的可视化分析可以分为两种：期刊引文分析和期刊共被引分析，前者可以通过对某一学科刊物引文数量的文献计量分析，揭示该学科的研究现状及发展趋势；后者通常用来帮助确定核心期刊，获得研究领域或学科的全貌，显示不同学科之间的知识结构、发展动态、分类及交流传播模式。

作者分析也比较常用，主要有两种形式：作者共引分析和作者合作分析，前者可用来推断领域知识结构，描绘核心作者与分散作者；后者可用来揭示某学科或部门中研究者之间的社会结构与合作网络，描述其合作关系、合作模式及学科发展状况。语词分析通常用来解读某一研究领域的概念结构，其中共词图谱较常用于分析研究热点及热点的演化、识别新兴研究领域，词语的来源有多种，如关键词、数据库供应商提供的索引词、自由词等。

在信息化时代下，各级政府、企业、高校等机构对不同类别的报告需求日益增加，同时对报告的深度日益强烈。在政府决策制定、企业发展方向评估、高校学科建设决策、科技查新等业务场景中，科技工作者需要查询大量的特定领域文献并撰写图文报告，往往需要耗费大量的人力。工作压力大、时间紧、任务重等客观因素，加上业务人员本身的知识局限性、思维局限性等主观因素，很容易造成报告观点及内容的偏颇与错误、报告质量难以控制等问题。特别是随着数据爆炸式增长，报告编写人员需要将新领域知识与已有领域知识进行快速融合，但数据的规模已经远远超出了人工处理与分析的能力。

为提高业务工作效率、提升科技报告统计分析指标的准确性，报告自动生成技术应运而生，大大降低了科研工作者的重复和枯燥的工作内容。特别是针对冷门或者新兴领域知识匮乏的问题，可采用人机结合方式，由系统自动生成报告初稿，再通过人工审核修改生成最终报告。

以数据融合技术构建多领域知识体系作为报告输出的知识基础，通过整合数据分析挖掘的丰富模型算法为报告输出提供数据支撑，利用文本自动生成技术作为报告文本摘要自动输出的技术依托，可以不断改善报告自动输出的质量与效率。为了解决不同场景下生成报告的个性化需求，还可提供灵活的查询服务、配置工具、模板选择等可定制组合的生成模式。

文本摘要生成的基础数据来源于信息选择层，信息选择层由全局的信息过滤器和局部的句子选择器两部分组成，分别进行全局非关键信息过滤和局部重要信息选择。通过在信息选择层上扩展基本神经编解码框架，优化抽取文档摘要中的信息选择过程，并采用文本自动生成技术不断改善其效果，可极大提高报告输出的效率与质量。

在报告服务中，经常涉及对特定人物、特定机构、关键技术等未来价值的判断。通过借鉴在社交网络中用户之间转发消息的基础模型，将其映射到实体之间的合作关系、引用关系等；通过从文献中提取出历史数据，基于历史数据求解使损失函数取值最小时各名用户的影响力和易感性，然后通过影响力和易感性等计算指标对其未来的价值进行分析预测。对于技术趋势，可基于各类技术文献和媒体对该技术的观点，基于倾向性判断其流行趋势；使用跨领域文本情感倾向性分析方法，基于所确定源领域和目标领域中文本与词的初始情感分和其中一个或多个相似矩阵的邻域矩阵进行迭代计算，可有效对多领域文本倾向性进行分析。

在报告服务过程中，一些数据指标需要对系统内数据进行分析和统计查询得出。但由于服务报告本身的复杂性、需求场景的多样性、报告主题的指向性，查询过程需要结合一些自定义分析方法，以方便提供复杂计算方法、满足信息查询的分析需求。

12.3 科技大数据在文献情报中的发展前景

在互联网时代，文献情报工作服务模式正在发生深刻变化，虽然无法完全预料会在哪些方面、在什么程度上发生变化，但可以确信的是，科技大数据技术在文献情报工作的应用仍会日新月异地发展，带领文献情报工作进入新的发展阶段，在知识经济和信息社会中起到更为关键的作用。总体而言，未来文献情报工作仍然是机遇与挑战并存。

科技大数据为文献情报带来了技术革新、数据革新，但大数据的许多技术仍待提高，尚不能完全满足实际应用场景，文献情报工作者应该认识到其优势和劣势，并持续提升应用技术和应用水平。

大数据时代面临着海量的处理数据，这些数据通常良莠不齐，可能造成分析结果错误，降低决策的正确性。加强数据的清洗过滤水平是提升情报结果权威性和说服力的前提。大多数数据库具有动态特征，很多数据是冗余的、不完整的，甚至是错误的，从而给数据的识别发现造成困难。为此，在进行数据挖掘处理时，可先对数据作预处理，即数据化与过滤，将部分无关数据删除，加强对数据质量的管控，从而增强数据分析的准确性，提升情报工作效率。

在加强数据清洗的基础上，文献情报工作者应综合评估现有的数据集成、数据分析方法和开源工具，避免误用和滥用。科技大数据及情报应用服务体系需要集成多种数据集成和数据分析方法及工具，不同的方法、工具在不同数据规格和应用情景中能够发挥的功能大相径庭，如应用不当，产生的分析结果反而会误导决策。为解决数据敏感性和应用场景适用性的问题，需要详细调研各种方法、工具适用的用户情景和数据规范标准，从用户需求和方法工具供给两方面实现适配管理，以满足用户的实际需求，提高文献情报工作的服务质量。

在信息服务方面，在广泛的网络空间挖掘和发现科技信息的服务能力还需继续加强，而且还需要进一步发展能够战略性、前瞻性支撑科技决策的情报研究能力，深化科技态势监测分析的能力，建立基于计算化、平台化的协同情报研究能力，加强面向科技决策的战略与政策分析能力。

随着科技创新的信息需求不断扩展，我国科技创新已开始向自主创新转变，这不仅需要继续加强对学术信息资源的保障，而且还要满足技术、产业、社会、经济等对信息的迫切需求，满足科技战略与决策对信息及其分析研究的迫切需求。

科技创新的信息服务需求出现新的内涵和形式。在信息需求方面，人们不再单纯局限于对科技文献的检索，而是越来越关注科技发展的新态势、新思维、新方法、新机制，越来越需要对跨不同问题、跨不同学科、跨越基础研究到应用研究到市场开发整个创新价值链的各类创新信息的集成发现和综合分析，越来越需要把握研究进展、结构、演变趋势和竞争合作态势，越来越希望能根据自己的需要组织个性化信息体系并嵌入自己的科研或决策环境中，并且充分利用网络与通信技术支持随时随地的信息发现、分析和处理。因此，要用新的科技信息服务能力来提升科研的知识生产率和竞争力，加强文献情报服务的转型发展，使之与科研能力同步发展甚至前瞻性发展，具备适应数字科研和网络信息环境的先进的知识服务能力，更贴近和更有力地支持科技创新和科技决策。

目前，国内相当的文献情报工作还停留在传统的文献管理或文献服务机制上，而随着科技信息开放获取和科学数据资源正重新塑造科技创新的信息环境，许多市场化的信息服务商已经进入这个领域，直指个性化定题选报、科学计量分析、机构或团队竞争力分析、文献资源长期保存等高知识含量和高附加值的服务。整个信息服务市场变得更复杂，竞争越来越激烈，有效支持了文献情报行业的科技创新，在世界范围内引发了新一轮的文献情报服务竞争。这就要求情报工作者进一步深化文献情报服务和推动创新发展的机制，并且引领推动面向国家和区域的科技信息服务发展，建立国际资源和科技信息的合作。

信息技术发展对文献情报工作有根本性的促进和变革作用。知识的加工和传递依靠信息技术的支持，同时信息技术的发展又不断地改变知识的传播和利用模式。伴随信息技术的进步，文献资源的形式、用户利用信息与知识的行为方式、文献情报的服务模式乃至文献情报服务机构的组织方式都在发生革命性变化，这些变化无疑会对文献情报系统带来巨大冲击。

技术发展对知识的传播与利用起到巨大作用，从古至今，从造纸术到印刷术，从计算机到网络普及，知识传播的载体从书本文字发展为数字化信息技术。互联网时代的信息技术仍在日新月异地发展，知识传播与利用形式还将不断变化，如知识加工技术、知识组织技术、泛在智能技术、数据挖掘技术、情报分析技术、数据关联技术、网络信息可视化技术等不断涌现，在云计算和物联网基础上，各种各样的感知器源源不断地收集信息，各种各样的社会网络系统不断地创造知识，颠覆性的信息技术不断出现，新的信息技术格局和新的信息服务基础环境正在孕育和发展。未来知识的组织与利用模式，一方面依赖信息技术的发展，另一方面要看我们能不能提出新的需求、新的服务、新的机制体制模式来充分利用信息技术的变化，迅速提升对科技创新的支撑能力。只有主动、及时、高效地挖掘各种先进知识和技术，才能为信息环境下的数字科研提供文献情报服务，最大限度地拓展文献情报的服务疆域。

参考文献

[1] 何晓红，肖连杰，张志祥. 新时期我国情报工作发展对策分析［J］. 科技情报研究，2021，3（2）：16-22.

[2] 王荣花. 浅析大数据时代背景下科技情报研究工作［J］. 技术与市场，2021，28（2）：183，185.

[3] 周群，化柏林. 基于多源数据融合的科技决策需求主题识别研究［J］. 情报理论与实践，2019，42（3）：107-113.

[4] 李广利，李书宁. 科技查新报告自动生成软件的设计与实现［J］. 现代图书情报技术，2013（2）：82-87.

[5] 王益成. 数据驱动下科技情报智慧服务模式研究 [D]. 长春：吉林大学，2020.

[6] 唐明伟，蒋勋，徐臻元，等. 大数据环境下情报学方法与技术体系构建 [J]. 情报科学，2020，38（5）：106-111.

[7] Shen Y，Jiang X，Wang Y，et al. Dynamic Relation Extraction with A Learnable Temporal Encoding Method [C]. 2020 IEEE International Conference on Knowledge Graph（ICKG），2020.

[8] Jia Y，Wang Y，Jin X，et al. Knowledge graph embedding：A locally and temporally adaptive translation-based approach [J]. ACM Transactions on the Web，2017，12（2）：1-33.

[9] Guan S，Jin X，Guo J，et al. Neuinfer：Knowledge inference on n-ary facts [C]. Proceedings of the 58th Annual Meeting of the Association for Computational Linguistics，2020.

[10] Guan S，Jin X，Wang Y，et al. Link prediction on n-ary relational data [C]. The World Wide Web Conference，2019.

[11] Guan S，Jin X，Wang Y，et al. Shared embedding based neural networks for knowledge graph completion [C]. Proceedings of the 27th ACM International Conference on Information and Knowledge Management，2018.

[12] Qiu Y，Li M，Wang Y，et al. Hierarchical type constrained topic entity detection for knowledge base question answering [C]. Companion Proceedings of the The Web Conference，2018.

[13] Qiu Y，Wang Y，Jin X，et al. Stepwise reasoning for multi-relation question answering over knowledge graph with weak supervision [C]. Proceedings of the 13th International Conference on Web Search and Data Mining，2020.

[14] Li M，Jia Y，Wang Y，et al. Hierarchy-based link prediction in knowledge graphs [C]. Proceedings of the 25th International Conference Companion on World Wide Web，2016.

[15] Su J，Wang Y，Jin X，et al. Link Prediction between Group Entities in Knowledge Graphs（Student Abstract）[J]. Proceedings of the AAAI Conference on Artificial Intelligence，2020，34（10）：13925-13926.

[16] Lin H，Wang Y，Jia Y，et al. An ensemble matchers based rank aggregation method for taxonomy matching [C]. Asia-Pacific Web Conference，2015.

[17] Guan S，Jin X，Wang Y，et al. Self-learning and embedding based entity alignment [J]. Knowledge and Information Systems，2019，59（2）：361-386.

[18] Li W，Xiao X，Lyu Y，et al. Improving neural abstractive document summarization with explicit information selection modeling [C]. Proceedings of the 2018 conference on empirical methods in natural language processing，2018.

[19] Li W，Xiao X，Lyu Y，et al. Improving neural abstractive document summarization with structural regularization [C]. Proceedings of the 2018 Conference on Empirical Methods in Natural Language Processing.

[20] 董月玲，季淑娟. 基于 AHP 法的高校学科学术水平评价研究 [J]. 科技管理研究，2011，31（5）：104–108.

第13章 科技大数据的共享与定价

科技数据是指人类社会科技活动所产生的基本科学技术数据、资料以及按照不同需求而加工的数据产品和相关信息[1]。科技数据是国家科技创新和经济社会发展的重要基础性战略资源，在当今大数据时代，科技创新越来越依赖科学数据的分析挖掘和综合利用，这不仅关系到国家的科技进步与创新能力，而且也是社会经济发展决策的基础。科学数据通常分为两大类型，一类是行业部门按照统一的规范标准长期采集和管理的科学数据；另一类是国家各类科技计划项目在研究过程和结果中产生的，以及为支持科学研究而通过观测、监测、试验等站点采集的科学数据[2]。

随着科技大数据时代的到来，一方面人们越来越意识到数据的价值，更加注重数据产权保护；另一方面科技大数据的共享对推进科研发展具有重要意义。近年来，越来越多的科研机构、学术出版商、项目资助方呼吁或致力于开放科学、开放数据的相关实践。在开放科学这场“运动”中，科技大数据的地位开始悄然发生变化：不再仅仅是学术论文的附属物，而成为科研的基础产出。特别是开放共享的科学数据，因具有独立的身份识别、属性描述、监护机制、溯源流程，通过信息网络可发现、可获取、可互操作和可重用（科学数据管理的 FAIR 原则），而成为保证科研结果可验证、可分享、可重现的基础支撑。

随着科技大数据产业的发展，数据交易也逐渐成为科技大数据共享流通的重要方法之一。为了促进数据交易的便捷进行，我国已经成立了包括贵阳大数据交易所、武汉东湖大数据交易中心、北京国际大数据交易所在内的数家大数据交易中心。数据交易离不开对数据的定价。为科技大数据设计科学合理的定价策略，可以让科技大数据的价值得以明确体现，让投入科技大数据基础建设的机构得到回报；同时，还能激发科研机构、学术出版商等共享科技大数据的积极性，从而推进科技大数据共享产业的持续健康发展。

13.1 科技大数据的共享

科技大数据得以充分利用和增值的前提是开放共享，而影响数据开放共享的关键问题是共享机制。本节主要阐述目前以开放服务为理念的、围绕科技数据管理的主流共享体系结构，可归纳为四种主要类型[3]，即仓储型、联邦服务型、数据分发型和云服务型。

13.1.1 基于仓储型系统的共享

仓储型系统一方面面向科研人员收集最新的科研数据，对所有数据资源进行统一存储与管理；另一方面对机构、项目组、出版商等提供数据集的共享与发布服务。就共享服务而言，科研人员可通过门户网站等方式随时随地接入系统，方便地完成数据提交、管理、共享、检索、发现等操作。

基于仓储型系统共享的技术框架如图 13-1 所示[3]。系统的数据来源于用户，用户可通过门户网站、提交工具或 API 等方式向系统提交数据文件。系统汇聚用户提交的数据资源并进行统一管理。一般而言，使用云存储或数据库集群等技术提供安全可靠的数据存储管理，为每个数据集分配全局唯一的标识符，通过系统抽取、用户录入等方式形成丰富的元数据描述信息，最终形成数据集产品，对外进行发布与出版。用户可通过门户网站搜索、过滤、发现所需数据，并对数据进行引用。

当前代表性的仓储型科技大数据共享平台包括英国 Digital Science 公司的 Figshare、美国国家科学基金会的 Dryad 及中国科学院的 ScienceDB 等。仓储型系统旨在收集科研人员的最新数据文件进行共享发布，形成科学数据新型出版模式。但是，数据来源无法保证，数据质量参差不齐。

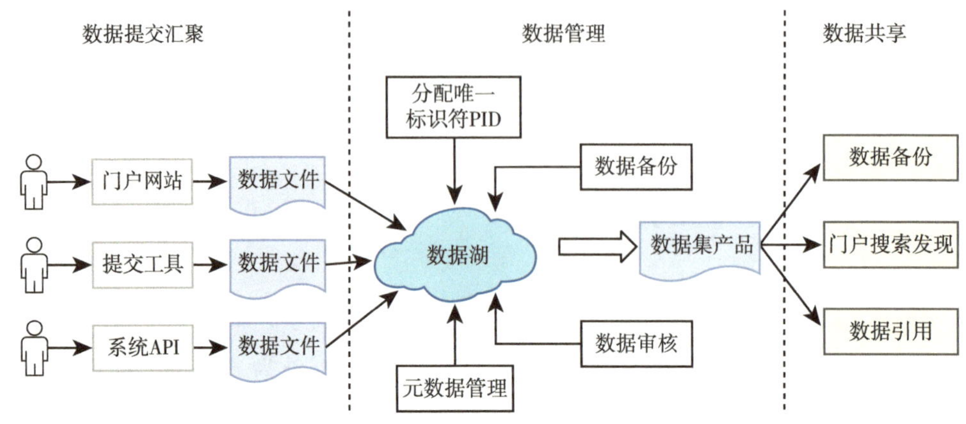

图 13–1　基于仓储型系统共享的技术框架

13.1.2　基于联邦服务型系统的共享

联邦服务型系统在逻辑上集成多源数据，对外作为一个整体提供共享服务，支持数据资源的统一发现和访问。系统将分散在各地的组织机构、数据中心、科技数据库等联合起来，形成一个庞大的科技数据网络。其中，数据资源由各分布式节点自行管理和维护，系统则提供所有资源的统一目录，建立全局索引，对外进行共享和发布。系统往往整合了较大范围甚至是全球范围内的海量数据资源，使用户能对来自不同节点的数据进行统一查找，提升了数据的可发现性和可重用性。

基于联邦服务型系统共享的技术框架如图 13–2 所示，通常包含数据节点、管理节点和服务接口三部分。系统对物理上分散的各数据节点仅进行逻辑上的集成，数据资源的具体存储、数据质量等由各数据节点自行负责。管理节点则对接入的数据节点中的资源进行注册，分配全局唯一标识符，维护所有资源的统一目录。此外，管理节点往往还能进行总体的监控统计，协调完成跨节点的数据复制。用户可通过门户网站、软件工具包、API 等方式与系统交互，进行数据组织、搜索、访问、分析等操作。得益于松耦合的联邦式架构，系统能支持新数据节点的快速加入，具有弹性、易扩展特性。

联邦服务型系统是当前主流的科学数据系统，国内外数据共享平台大多依此构建，典型代表有美国国家科学基金会支持的 Data - ONE [4]、国际地球观测组织 GEOSS [5] 和中国科学院数据云 [6] 等。基于联邦服务型系统的共享旨在推动分布在各个数据中心的科技大数据的整合、归档和发布共享服务，其主要设计思想包括：①联合各领域的科技数据库；②各数据节点实现数据自治；③管理节点实现多源数据异构集成，形成统一的资源服务目录。但是，数据资源散落分布，容易受到数据所有者的影响。

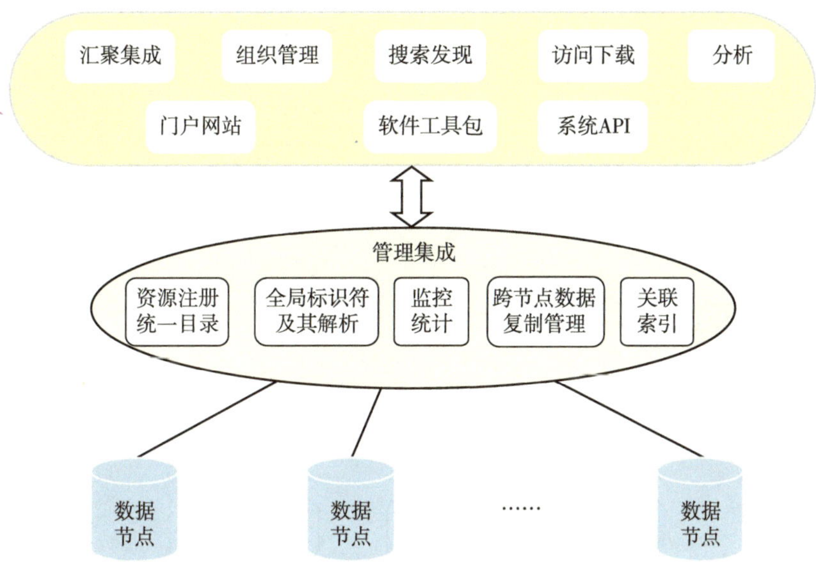

图 13-2　基于联邦型系统共享的技术框架

13.1.3　基于数据分发型系统的共享

数据分发型系统主要依托大型科学装置、重大科学实验和科学监测站点，汇聚大量专业规范的数据资源，面向科研人员和公众进行分发。系统主要提供数据检索和数据获取两种核心服务。通过数据检索服务，用户能快速筛选出所需的数据资源。通过数据获取服务，如在线下载、电子邮件等方式，系统可将相应的资源分发至用户。

基于数据分发型系统共享的一般技术框架如图 13-3 所示。来源于某个或某几个大型科学装置与观测设备等的科技数据，经规范化处理后汇聚到综合管理中心进行集中质量控制，按照其公开的数据共享策略对外提供访问、下载服务。此外，系统还能汇聚其他已有的数据集产品。综合管理中心对汇聚的数据资源进行管理，一般包括元数据维护、数据存档、发布、形成数据目录等，以支持对外共享和分发服务。用户可检索数据、浏览元数据信息、下载数据到本地，也可从系统提供的云环境中获取相应数据资源。

基于数据分发型系统的共享旨在促进领域内专业规范数据资源的重用，但是数据来源和类型较单一，受到行业领域性质的限制。

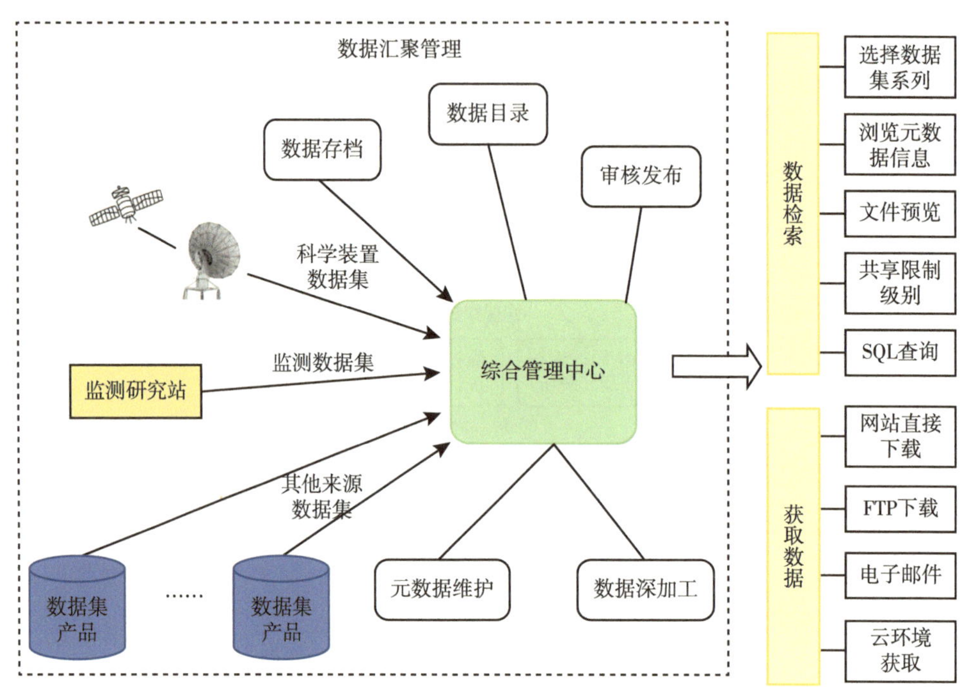

图 13–3 基于数据分发型系统共享的技术框架

13.1.4 基于云服务型系统的共享

按需计算与分析的云服务型系统一般在数据共享的基础上提供一个稳定高效的云端计算环境，为用户提供数据分析服务，主要表现为两种形式：一种是用户向系统提交个人数据，通过系统提供的多种分析模式在云端进行计算；另一种是系统本身发布和公开了一系列数据集，用户无须下载数据就可直接与系统交互，进行在线计算。系统通常能提供多种交互分析方式，主要包括利用相对固定的工作流等进行经典算法模型分析、使用 Notebook 等进行交互编程分析、通过软件工具开发复杂代码工程进行分析。

基于按需计算与分析的云服务型系统共享的技术框架如图 13–4 所示。系统的核心组成部分是云计算平台，主要包括数据管理、算法模型管理、集群计算三部分，支持通过多种交互分析方式为用户提供计算服务。用户可通过浏览器网页、命令行工具、API 等方式直接与系统进行交互，其中以浏览器网页方式为主。对于一般公众或需使用经典算法模型的场景，可通过工作流服务选择算法模型直接进行分析；对于专业科研人员，可选择 Notebook 进行在线交互编程或使用领域内常用的软件工具包进行分析；对于科研项目团队及复杂分析场景，可选择开发代码工程项目进行分析。系统一般能通过大规模集群节点进行快速计算，并将计算结果反馈给用户。

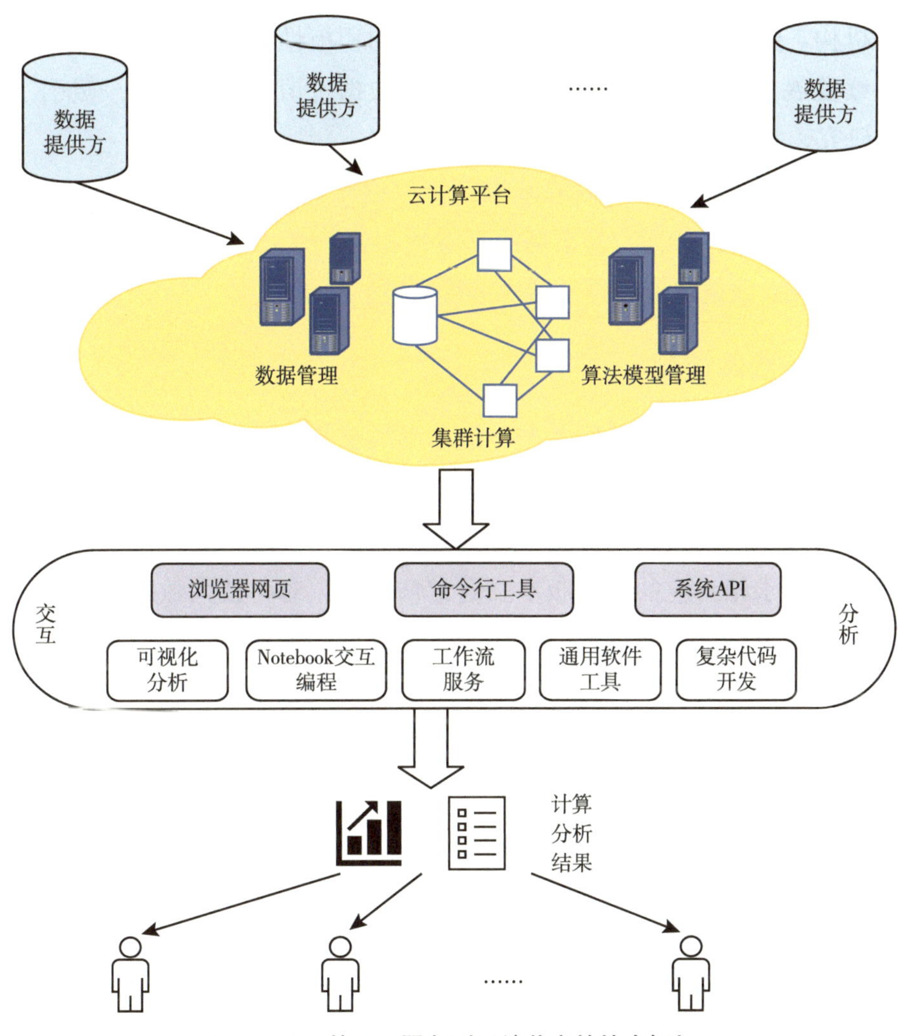

图 13-4　基于云服务型系统共享的技术框架

基于云服务型系统的共享旨在提供稳定的云端计算环境，通过多种交互分析模式快速地进行数据计算。但是，对数据质量和用户专业性要求较高，对多源异构数据分析处理较困难。

13.2 科技大数据定价的基本理论

科技大数据的生命周期包括数据获取、数据集成、数据管理、数据共享、数据应用等多个流程，并通过循环流动实现科技数据的价值转变[7, 8]。为科技大数据制定科学合理的定价策略，使科技大数据的价值得以体现，同时还能激发科研机构、学术出版商等共享科技大数据的积极性，推进科技大数据共享产业的持续发展。数据定价作为一种衡量共享数据价值的有效方式，吸引了越来越多的研究。

本节主要阐述科技大数据的基本定价理论和几个最受关注的技术问题[9]，主要包括版本控制、数据交易市场的真实性和公平性以及防套利、利润最大化。然后，对科技大数据定价的体系结构进行描述。

13.2.1 版本控制

科技大数据作为一种无形资产，最基础的策略是以价值为依据，即将价格设定在消费者认为该产品所具有价值的附近。版本控制[10]通过具有不同价值的数据版本来吸引不同类型的消费者，并依据其价值设定相应的价格，从而为消费者提供与需求相对应的数据版本。通常情况下，对科技大数据产品生成不同版本的方法有很多，如通过数据获取的便捷程度、数据的完整性、数据生成时间等。此外，由于消费者在购买前难以了解科技大数据的适用性，因此需要生成免费版本供消费者试用。

13.2.2 真实性

为了使科技大数据共享更高效地进行，在数据交易时，通常要求数据买方是利己的，并且仅提供能使自己利益最大化的购买价格。在这种情况下，我们称数据交易市场是真实的。换句话说，在一个真实的市场中，如果一个买方认定了该产品的购买价格，他就不会再支付高于此价格的钱去购买此产品。在传统大数据定价中，真实性也被广泛提及。文献[11-13]所提出的基于拍卖的数据定价方法都满足真实性的要求。

13.2.3 公平性

在前文所述的科技大数据共享模式下，数据可能来源于不同的科研实体（即卖方），此时进行数据交易时，为了确保卖方进行数据共享的积极性，我们需要保证交易所得总收入在卖方中按其贡献分布。通常情况下，使用沙普利（Shapley）值来公平衡量每个人对收入的贡献。沙普利[14]公平性的实现有以下要求：①平衡，是指交易获得的收入必须全部分配给所有卖方；②对称，是指对于一个卖方集合 S 和另外两个卖方 s 和 s'，s，$s' \notin S$，若 $S \cup \{s\}$ 和 $S \cup \{s'\}$ 获得了相同的资金，那么 s 和 s' 也应该收到相同的付款，也就是说，对于效用贡献度相同的卖方，他们所收到的回报也应该相同；③零元素，是指对于一个卖方集合 S 和一个额外的卖方 $s \notin S$，若 $S \cup \{s\}$ 和 S 获得了相同的资金，则 s 收到的回报为 0，即没有贡献就没有回报；④可加性，是指如果分别为两个任务 T_1 和 T_2 付款 v_1 和 v_2，那么完成两个任务（T_1+T_2）的回报是（v_1+v_2）。

由于科技大数据等的无形资产具有极低的复制代价[15]，其边际成本接近于零，因此卖方可以通过复制同一数据产品，使其对交易的贡献度更大，得到更多的收入分成。这种行为会伤害卖方共享数据的积极性，因此，如何在科技大数据交易时确保公平是极具挑战性的。

13.2.4 防套利

套利是大数据定价中最需要关注的问题之一。套利是指买方按照低于卖方规定价格获取数据产品的行为。根据大数据定价中套利的分类，科技大数据定价中出现的套利问题大致可以分为两类[16, 17]——捆绑套利和后处理套利。

捆绑套利：假设卖方根据买方的查询结果出售科技大数据产品，现存在三个查询 P、Q 和 W，并且查询 W 的结果包含查询 P 和 Q 的结果，当卖方给查询 W 的定价小于 P 与 Q 定价之和时，即可认为发生捆绑套利。

后处理套利：存在两个查询 P 和 Q，并且从查询 P 的结果中可以推出查询 Q 的结果，那么当查询 P 的定价小于 Q 的定价时，即可认为发生后处理套利。

在科技大数据的定价过程中，任何卖家都不希望套利行为的发生。套利行为会导致定价的不一致性，同时存在隐私泄露的风险。因此，在设计定价策略时需要进行谨慎缜密的思考。实现防套利的定价可以使买方在购买数据时，放弃通过博弈就能实现以更低价格购买科技大数据产品的想法，从而保证卖方对于每个出售的产品都能够得到适当的收入。

13.2.5 利润最大化

科技大数据的定价策略往往是为了实现低成本、高收益、广销路地出售科技大数据。概括而言，就是要实现利润最大化。对于传统产品来说，边际成本会随着产品生产数量的增加而上升，当边际成本等于边际收益时，可以达到利润最大化。但对于科技大数据产品来说，由于复制代价极低，导致其边际成本几乎为零，因此其利润最大化问题变得较为复杂。从本质上讲，利润最大化属于最优化问题，在多买方模式下采用贝叶斯机制可以实现对数近似[18]。只有充分保证数据分享者（即卖方）的正当利益，才可以使科技大数据的共享长久、可持续地进行下去。

13.2.6 科技大数据定价的体系结构

科技大数据交易系统主要包括买方、卖方和数据平台三部分。数据平台可以由卖方或买方建立，也可以由完全独立的第三方建立。数据平台不仅要匹配买方和卖方的供需关系，还需要设计市场交易规则。平台也可以根据相似买方的购买记录为买方推荐数据集，并建立隐私保护机制。数据平台的工作流程如图 13-5 所示。

（1）数据平台接收买方提供的一组 willing-to-pay（WTP）函数，指定他们所需要的数据。卖方与平台分享他们拥有的数据集，期望从数据交易中获利。平台用 Mashup Builder 来识别满足买方需求的数据集，即图中的 $[m_1, m_2, \cdots, m_n]$。

（2）评估每个数据集为买方的 WTP 函数实现的满意度，该任务由 WTP-Evaluator 执行。WTP-Evaluator 首先在每个数据集上运行 WTP 函数并衡量实现的满意程度，如测量机器学习任务的准确性。根据满意程度计算买方愿意支付的金额 wtp_i。WTP-Evaluator 的输出是一组键值对（m_i, wtp_i），表示买方愿意为符合其 WTP 函数所表明需求的数据集 m_i 支付的金额 wtp_i。

（3）利用定价引擎为每个数据集 m_i 设置价格。

（4）事务支持机制将数据集 m_i 交付给买方并获得资金 wtp_i。

（5）收入分配机制将所得资金分配给卖方和平台。

如果数据平台无法找到满足买方需求的数据，它可以描述自己缺乏的信息，并与卖方进行沟通，卖方被激励添加该信息以获得利润。

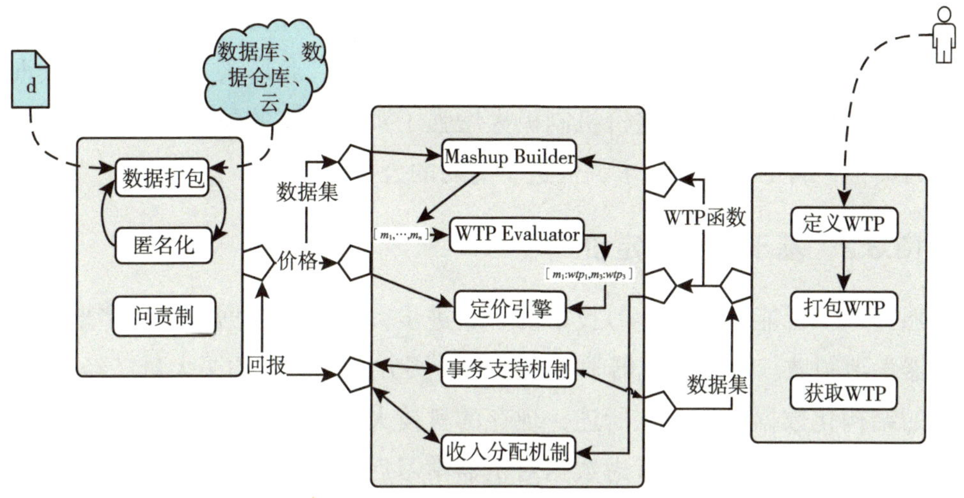

图 13–5　数据定价体系结构

卖方与数据平台通信以共享数据集，协调匿名化过程以及达成数据集更改的一致，从而获取利润。此外，卖方还需要实现匿名化、问责制和对数据进行打包。由于数据交易可能使卖方遭受隐私泄露的危险，为此，科技大数据交易系统需要支持数据集 Mashup 过程中的匿名化，并不断在数据平台和卖方之间进行协调。同时，由于科技大数据涉及数据侵权、数据窃取[19]等问题，因此需要允许卖方对他们出售的数据集进行跟踪。数据打包，即卖方将提供的数据集转换为平台可解释的格式。

13.3　科技大数据的定价机制

基于上述科技大数据定价的基本理论，接下来描述适合科技大数据特征的定价机制，主要分为基于查询的定价、基于模型的定价、基于隐私的定价和基于博弈论的定价。

13.3.1　基于查询的定价

在科技大数据交易时，对于卖方来说，最为简单的方式就是给买方提供整个数据集或是数据集的不同版本。但由于买方往往是利己的，只希望购买自己需要的部分，这就使定价机制需要支持买方复杂的查询需求，并且针对每个查询结果都提供一个与之价值相匹配的价格。基于查询的定价[20]以版本控制为基础，仅仅对数据集中一部分的视图分配相应的价格，允许买方发起任意查询并对其结果进行定价。这种定价机制极大增强了买方购买的灵活性、减轻了卖方定价的负担，满足防套利要求，促进了交易的公平性。

13.3.2 基于模型的定价

随着人工智能、深度学习技术的不断进步，科技大数据越来越多地被应用于机器学习领域。在用于机器学习模型时，买方往往需要购买大量已经过整合、清洗的结构化数据。如上文所述，现存的科技大数据交易方案往往迫使买方购买大量非必须数据，没有考虑数据对机器学习后续任务效果的影响。在基于模型的定价[21]中，卖方和平台首先进行市场调查，画出表示买方希望购买的模型实例的需求曲线和价值曲线。这些曲线将需求和价值表示为模型误差或准确度的函数。然后，平台使用市场调查结果构建价格－误差/准确度曲线并将其呈现给买方，买方则选择一个希望购买的误差或价格水平，提交给平台。平台则以此为依据计算出合适的模型实例，返回给买方。基于模型的定价框架如图 13–6 所示。

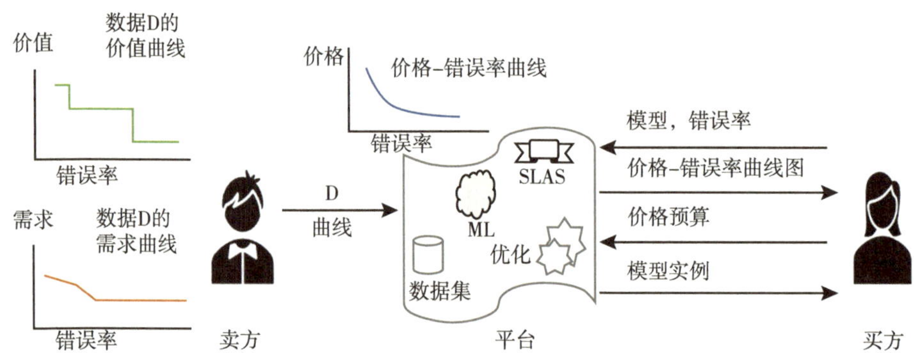

图 13–6 基于模型的定价框架

此方法将科技大数据的交易转换为机器学习模型的交易，以极强的针对性提高了数据交易效率，促进了科技大数据的共享进程。

13.3.3 基于隐私的定价

隐私保护一直是科技大数据共享需要关注的主要问题之一。数据的收集通常会导致用户隐私的泄露，从而降低卖方共享科技大数据的意愿。但同时，隐私也可以看成一种可以销售的商品，作为价格的衡量手段。平台对用户泄露不同水平的隐私给予不同价格的补偿，这便是基于隐私的定价。考虑隐私补偿的定价框架[22]如图 13–7 所示。该框架由三部分组成：①定价和购买：买方发起查找请求 $Q=(q, v)$，v 表示其容许的数据方差，并在购买阶段支付平台反馈的价格 $\pi(Q)$；②隐私损失：平台通过回答查询 Q，向买方泄露一些关于数据所有者的私人信息 ε_i；③隐私补偿：平台必须补偿每个数据所有者的隐私损失，为其支付 $\mu_i(Q)$。

如果买方支付的价格 $\pi(Q)$ 足以涵盖所有的隐私损失支付 $\mu_i(Q)$，并且为每个卖方支付的隐私损失费用都能够补偿其隐私损失 ε_i，那么该定价框架是公平的。

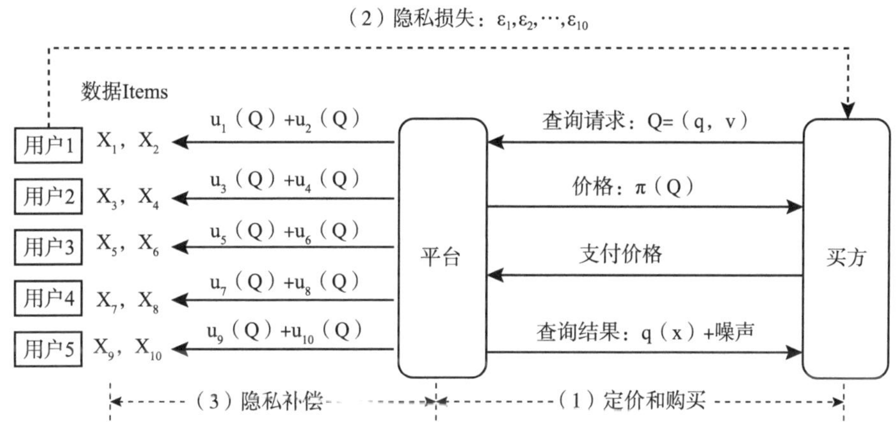

图 13–7　基于隐私的定价框架

13.3.4　基于博弈论的定价

当科技大数据来源于多个用户时，平台需要确定给每个用户的补偿价格，再依据补偿价格确定数据的出售价格。为了保证科技大数据定价的公平性，业界广泛基于合作博弈论的方法来确定支付给用户的补偿价格，其中，每个用户被看作合作博弈中的玩家，用户数据对买方的贡献程度被看作是效用函数。Jia R 等[23]提出了基于沙普利值的数据定价方法，可以较为高效地计算出支付给用户的补偿价格。除此之外，博弈论中的讨价还价理论也可用于科技大数据的定价，

Tung k 等[24]就提出了基于讨价还价的数据定价方法。数据平台作为中介，买卖双方通过数据平台进行多轮谈判，从而达成最终交易价格。

13.4 科技大数据共享与定价的挑战

基于目前的数据共享和定价机制，结合科技大数据的特点，接下来分别描述科技大数据的共享和定价面临的挑战。

13.4.1 科技大数据共享的挑战

目前，基于云服务型系统和数据分发型系统的共享对数据质量要求较高，数据主要集中于某个领域，对多源异构数据、跨领域数据资源的共享仍面临挑战；基于仓储型系统的共享数据来源无法保证，数据质量参差不齐；基于联邦服务型系统的共享适用于协作型优势互补的分散型使用场景，易受数据所有者影响。除此之外，科技大数据的共享还面临数据边界扩张、数据异构、数据污染严重、隐私安全等问题[19, 24]。

为了有效进行科技大数据的共享，数据共享机制还面临以下挑战：①如何对跨领域数据进行有效管理，促进跨学科研究的发展；②科技大数据多源异构，如何对其进行统一有效的数据获取和知识发现；③不同来源的科技大数据可能存在较多冗余，如何共享数据的质量；④如何对不断增加的科技数据进行有效管理和动态检索；⑤在通过共享实现数据增值的同时，如何保证数据发布者的隐私安全不受侵害。

13.4.2 科技大数据定价的挑战

科技大数据具有多样性、可重复性和价值稀疏性的特点。科技大数据的多样性是指其来源和形式是多种多样的；可重复性是指科技大数据复制代价极低，同时在使用过程中不会产生损耗和折旧；价值稀疏性则表达了科技大数据的价值需要充分挖掘，才能够形成使用价值的特点。因此，对科技大数据进行定价面临以下挑战：

（1）科技大数据的多样性导致难以形成统一、普遍适用的定价方法。不同数据类型的定价需要进行不同的考量，同时，作为定价的前序步骤，对多种多样的科技大数据进行分类整理也面临挑战；

（2）科技大数据的可重复性导致在定价时需要考虑隐私泄露的问题，同时，数据被买方再次打包售卖可能会降低卖方的积极性，并引发科技大数据的版权纠纷问题；

（3）由于价值是定价的基础，科技大数据价值的稀疏性导致在定价方面需要花费大量精力挖掘其价值，同时，在买卖双方达成统一的价值认同也是定价面临的挑战。

参考文献

[1] 黄鼎成．科学数据共享管理研究［M］．北京：中国科学技术出版社，2002.

[2] 孙九林，王卷乐．探索分散科学数据资源共享之路——记“地球系统科学数据共享网”［C］// 国家科技基础条件平台．国家科技基础条件平台回顾与展望．北京：中国科学技术出版社，2008.

[3] 李云婷，温亮明，张丽丽，等．科学数据共享系统的现状与趋势［J］．农业大数据学报，2019，1（4）：86-97.

[4] Michener W K，Allard S，Budden A，et al. Participatory design of DataONE—enabling cyberinfrastructure for the biological and environmental sciences［J］．Ecological Informatics，2012（11）：5-15.

[5] Christian E J. GEOSS Architecture Principles and the GEOSS Clearinghouse［J］．IEEE Systems Journal，2008，2（3）：333-337.

[6] Bai Y，Di L，Nebert D D，et al. GEOSS Component and Service Registry：Design，Implementation and Lessons Learned［J］．IEEE Journal of Selected Topics in Applied Earth Observations and Remote Sensing，2012，5（6）：1678-1686.

[7] 柏永青，杨雅萍，孙九林．国内外科学数据管理办法研究进展［J］．农业大数据学报，2019，1（3）：5-20.

[8] Bai Y Q，Yang Y P，Sun J L. Advance in the Study of Domestic and Foreign Data Management Methods［J］．Journal of Agricultural Big Data，2019，1（3）：5-20.

[9] Pei J . A Survey on Data Pricing：from Economics to Data Science［J］．IEEE Transactions on Knowledge and Data Engineering，2020（99）：1.

[10] Shapiro C，Varian H R. Versioning：The Smart Way to Sell Information［J］．Harvard Business

Review，1998（6）：106.

[11] Cai H，Zhu Y，Li J，et al. Double Auction for a Data Trading Market with Preferences and Conflicts of Interest [J]. The Computer journal，2019，62（10）：1490–1504.

[12] An D，Yang Q，Yu W，et al. Towards truthful auction for big data trading [C]. IEEE International Performance Computing & Communications Conference. IEEE Computer Society，2017.

[13] Jiao Y，Wang P，Niyato D，et al. Profit Maximization Auction and Data Management in Big Data Markets [J]. IEEE，2017.

[14] Shapley L S. A value for n–person games [J]. Classics in game theory，1997，69.

[15] Agarwal A，Dahleh M，Sarkar T. A marketplace for data：An algorithmic solution [C]. Proceedings of the 2019 ACM Conference on Economics and Computation，2019.

[16] Lin B R，Kifer D. On arbitrage–free pricing for general data queries [J]. In Proceedings of the VLDB Endowment，2014，7（9）：757–768.

[17] Deep S，Koutris P. The design of arbitrage–free data pricing schemes [J]. arXiv preprint arXiv：1606.09376，2016.

[18] Chawla S，Miller J B. Mechanism design for subadditive agents via an ex ante relaxation [C]. Proceedings of the 2016 ACM Conference on Economics and Computation，2016.

[19] Koutris P，Upadhyaya P，Balazinska M，et al. Query–based data pricing [J]. Journal of the ACM，2015，62（5）：1–44.

[20] Chen L，Koutris P，Kumar A. Towards model–based pricing for machine learning in a data marketplace [C]. Proceedings of the 2019 International Conference on Management of Data，2019.

[21] Li C，Li D Y，Miklau G，et al. A theory of pricing private data [J]. ACM Transactions on Database Systems，2014，39（4）：1–28.

[22] Jia R，Dao D，Wang B，et al. Towards efficient data valuation based on the shapley value [C]. The 22nd International Conference on Artificial Intelligence and Statistics. PMLR，2019.

[23] Jung K，Park S. Privacy bargaining with fairness：Privacy–price negotiation system for applying differential privacy in data market environments [C]. 2019 IEEE International Conference on Big Data，2019.

[24] 刘润达，孙九林，廖顺宝. 科学数据共享中数据授权问题初探 [J]. 情报杂志，2010（12）：19–22.